Der Unterricht in der Grundschule

Therap. Theater
S. 26 15-17 J.

*Den Theatermachern,*

damit sie
Theater und Rollenspiel als pädagogisches Instrument,
Schule als Bezugsrahmen,
Wissenschaft als Kontrollinstanz
akzeptieren

*Den Lehrern und Sozialpädagogen,*

damit sie
Theater als soziale Ausdrucksform,
Rollenhandeln als Grundform menschlichen Verhaltens und Rollenspiel als Kern pädagogischen Umgangs
akzeptieren

*Den Sozialwissenschaftlern,*

damit sie
Theater und Rollenspiel als Gegenstand ihrer Untersuchungen
akzeptieren

*Den künftigen Theater- und Interaktionspädagogen,*

damit sie
Theorie und Praxis, Zielsetzungen, Spielformen und Institutionen in den Dienst einer besseren Kindererziehung stellen.

# Kindertheater und Interaktionspädagogik

Herausgegeben von
Marion Klewitz
und Hans-Wolfgang Nickel

Ernst Klett Verlag Stuttgart

2. Auflage 1976

Druck: Omnitypie-Gesellschaft Nachf. Leopold Zechnall, Stuttgart
ISBN 3-12-922650-8

# Inhalt

Die Akademie der Künste in Berlin veranstaltete in der Zeit vom 12. bis 23. Juni 1971 ein internationales Kinder- und Jugendtheaterfestival. In enger Verbindung mit den Gastspielen von Ensembles aus west-, ost- und außereuropäischen Ländern führte die Europäische Akademie Berlin vom 14. bis 19. Juni eine Arbeitstagung „Kind — Rolle — Sozialisation" durch, deren Planung Dr. H. W. Nickel, Pädagogische Hochschule Berlin, übernommen hatte. Diese Fachtagung sollte, wie es in der Einladung hieß, „theoretische Analyse (insbesondere des Rollenverhaltens) mit praktischer Anschauung als Vorbereitung einer verbesserten Praxis verbinden".
Auf der Tagung wurden folgende Referate gehalten:

*Dieter Claessens*
Kind und Rolle — anthropologische Vorüberlegungen zum Rollenbegriff

*Lothar Krappmann*
Lernen durch Rollenspiel

*Klaus Müller*
Soziales Lernen. Übernahme von Bedürfnissen, Einstellungen und Verhalten von Modellpersonen

*Hans-Georg Zapotoczky*
Kindertheater und Psychodrama. Bausteine des Rollenspiels und ihre psychologische Bedeutung

*Arno Paul*
Der Ärger mit Aschenputtel. Analyse der Voraussetzung, Erscheinung und Wirkung einer Märchenaufführung im Rahmen eines Kindertheaterprojekts zur kompensatorischen Erziehung von Arbeiterkindern

*Jurg Molenaar*
Das Kinder- und Jugendtheater in den Niederlanden

Die vorliegende Publikation geht von den Referaten dieser Fachtagung aus. Die Referate wurden zum Teil neubearbeitet. Sie wurden durch die Aufnahme weiterer Beiträge ergänzt.

# Einleitung

*Es ist schwierig, Sie an dieses Buch heranzuführen.*
*Sind Sie Lehrer oder Erzieher, dann müßten wir Ihnen aus Ihrem Arbeitsbereich heraus klar machen, daß Fragen des Theaters wichtig für Sie sind.*
*Gehören Sie zum Theater, dann müßten wir Ihnen nachweisen, wie wichtig Schul- und Erziehungsfragen für Ihre Theaterarbeit sind.*
*Statt dessen bieten wir Ihnen ohne besondere Vorbereitung ein Buch über Theaterpädagogik an. Wir setzen dabei nicht nur auf Ihre Frustrationstoleranz. Wir sind der Überzeugung, daß es bei der Arbeit der Schule wie der des Theaters um die* Rolle des Kindes in unserer Gesellschaft *geht und um die Wahrung der Chancen, die im Rollenspiel liegen.*
*Hier arbeiten also Pädagogen, Sozialwissenschaftler und Theaterleute gemeinsam.*
*Aus diesem Grund beleuchten die folgenden Beiträge die Rolle aus dem Blickfeld sozialwissenschaftlicher Theorie, aus der Sicht der Theatermacher und aus schulischer Sicht.*
*Die Theater- und Interaktionspädagogik muß Betrachtungsweisen und Ergebnisse aus allen drei Bereichen verbinden, lehrbar und praktizierbar machen.*
Die Kindertheatertagung der Stadt Marl im Oktober 1970 und die der Evangelischen Akademie Nordelbien in Bad Segeberg im Dezember 1970 hatten den Erfahrungsaustausch zwischen Theaterleuten aus verschiedenen Bereichen des Kindertheaters eingeleitet. Sie hatten auch schon Dialog und Konfrontation zwischen Theatermachern, Theaterwissenschaftlern, Pädagogen und Vertretern kultureller Institutionen eröffnet. So verschieden ihre wissenschaftlichen, erzieherischen und kommerziellen Beweggründe auch waren, in einem Punkt wurde zumindest verbal Übereinstimmung erreicht: Das

Kinder- und Jugendtheater muß heute in pädagogischer Absicht konzipiert werden; es muß auf das Kind, auf seine Entwicklung, seine Rolle in der Gruppe und seine Erziehung in der Gesellschaft bezogen sein. Ästhetische Formung verdeutlicht in authentischer Weise grundlegende Interaktionen und Interaktionsmuster; diese sollen darüber hinaus nicht nur bewußt und verfügbar, sondern in pädagogisch verantworteter Weise verändert werden.

Diese Übereinstimmung wies der weiteren Arbeit die Richtung: das pädagogisch definierte Kinder- und Jugendtheater verlangte dringend nach einer wissenschaftlichen Grundlegung. Aber die Theaterwissenschaft als eigentliche Berufswissenschaft erwies sich als kaum kompetent; sie hatte sich bisher den anstehenden Fragen nur wenig gestellt und sich zumeist mit antiquarischer Theatergeschichte begnügt. Nötig aber war es, die Praxis des Kinder- und Jugendtheaters (von Kindern sowie für sie) systematisch zu durchleuchten; nötig war es, pädagogische Zielsetzungen sozialwissenschaftlich zu untermauern, Institutionen, in denen Theater „gemacht" wird, zu analysieren, Spieltechniken auf ihre unmittelbaren und ihre länger andauernden Wirkungen empirisch zu untersuchen. Gefragt waren also vor allem Soziologie und Psychologie.

Das Programm für die Zusammenarbeit mit diesen Wissenschaften aber hatte sich zugleich auf einen erweiterten Aktionsbereich einzustellen: die herkömmliche Isolierung des Theaterspielens in voneinander getrennten Institutionen war durchbrochen.

Neben die traditionelle Bühnenarbeit war das Spiel in freien Kinder- und Jugendgruppen (auch als Teil der sozialistischen Stadtteilarbeit) getreten und vor allem eine neue Orientierung des Spiels in der Schule, in der

die größte Zahl der Heranwachsenden erreicht werden kann.
Auf der Tagung der Europäischen Akademie Berlin im Juni 1971 wurde also versucht, die Zusammenarbeit zwischen Vertretern der Theaterpraxis und Sozialwissenschaftlern anzubahnen. Als erstes mußte gelernt werden, miteinander zu denken. Auf der einen Seite sollten Theatermacher mit wissenschaftlichen Ergebnissen, Fragestellungen und Techniken vertrauter gemacht werden, um ihre Ziele genauer zu reflektieren und Spielformen besser kontrollieren zu lernen. Auf der anderen Seite sollte den Sozialwissenschaftlern die Theaterpraxis als ein lohnendes Untersuchungsgebiet nahegebracht, wenn möglich, sollten sie für wissenschaftliche Begleituntersuchungen gewonnen werden.
Diskussionen und informelle Gespräche aber enthüllten immer wieder ein starkes, auf direkte Nutzung gerichtetes Bedürfnis der Praktiker. Man wollte nicht nur eine systematische Analyse des Kinder- und Jugendtheaters, man suchte genaue Auskünfte über Bedingungen und Wirkungen des Theaterspiels, empirische Befunde über die Veränderung des einzelnen durch Rollenspiel, man verlangte nach einem Katalog geeigneter Mittel, um bestimmte Ziele zu erreichen.
Diese Erwartungen mußten enttäuscht werden; zusehends verstärkte sich der Eindruck, daß Theoretiker und Praktiker aneinander vorbeiredeten. In dieser Frustration wurden die Diskussionen im Anschluß an die Referate erstaunlich häufig zu einer persönlichen Bewährungsprobe des Referenten umgemünzt (und damit spiegelte sich die Leistungsgesellschaft an einem Ort erneut, an dem sich viele entschieden für ihre Humanisierung, wenn nicht für ihre Abschaffung aussprachen). Nicht prüfbar ist, welche Lernprozesse trotz dieser

Spannungen eingeleitet wurden. Immerhin kann in der nachträglichen Besinnung erläutert werden, warum die Erwartungen der Praktiker enttäuscht wurden:

1. Allem voran ist die Tatsache zu unterstreichen, daß in der Erziehungswissenschaft, der Psychologie und der Soziologie das pädagogisch verantwortete Kinder- und Jugendtheater noch nicht zu einem selbständigen Untersuchungsgegenstand geworden ist. Ohne weiter nach den Gründen für dieses Defizit zu fragen, soll erwähnt werden, daß hier erst jene Vertreter einen Wandel einzuleiten versprechen, die die Veränderung tradierter Interaktionsmuster als gesellschaftliche Verpflichtung ernst nehmen. Doch ehe die Theorie praktisch werden kann, sind noch lange Vorarbeiten notwendig. Das bezeugte nicht zuletzt der Beitrag von Arno Paul über seinen problematischen Versuch eines proletarischen Kindertheaters, in dem immerhin schon die Einheit von Theorie und Praxis angelegt war.

2. Die Sozialwissenschaftler — auf der Tagung waren Psychologen und Soziologen vertreten — konnten also nur diejenigen Teile ihrer Theorien anbieten, von denen sie meinten, daß sie den Theaterleuten dienlich seien: So charakterisierte Dieter Claessens von seinem anthropologischen Ansatz aus Mechanismen, die für das Erwachsenwerden des Kindes bedeutsam sind, um damit den umfassenden Bezugsrahmen der Theaterarbeit bewußtzumachen. Lothar Krappmann erläuterte die revidierte Theorie des Rollenhandelns, die die Rolle als soziales Faktum sieht und mit ihr das Lernen von Interaktionen begrifflich faßt. Klaus Müller brachte Bedingungen des Lernens von Modellpersonen zur Kenntnis. Auf die Theaterpraxis konnten sich alle drei nur von persönlichen Eindrücken aus beziehen.

Deshalb war von den Theatermachern zunächst ein hoher Einsatz notwendig, um die Aussagen der Wissenschaft für die praktische Arbeit nutzbar zu machen. Sie mußten die Bereitschaft aufbringen, den Ausgangspunkt der Theoretiker, ihre Begriffe, Hypothesen und Schlußfolgerungen im Zusammenhang zu verstehen. Erst ein nächster Schritt könnte dann sein, die referierten Fragestellungen, Untersuchungsweisen und Ergebnisse aus der Kenntnis der Praxis heraus in Frage zu stellen.

3. Schließlich schienen die Schwierigkeiten des Kontakts aus Mißverständnissen über den Charakter von theoretischen Aussagen herzurühren, die ja erst einmal „nur" die Praxis systematisch beschreiben wollen. Viele Diskussionsbeiträge erweckten indes den Eindruck, als könne und dürfe man wissenschaftliche Verallgemeinerungen unvermittelt in eine Technologie, eine Anweisung für die Praxis umsetzen. Nicht immer wurde klar, daß ein Ergebnis in der Regel verschiedene Lösungsstrategien nahelegt und deshalb nur bedingt als Hilfe für die tägliche Arbeit taugt.
Wie sehr das pragmatische Motiv die Zuhörer beherrschte, zeigte die engagierte Beteiligung an den Ausführungen des Wiener Psychiaters Hans-Georg Zapotoczky. Beschreibung und Demonstration des Psychodramas wurden bei aller wissenschaftlichen Legitimation als eine Handlungslehre vorgestellt, die die Teilnehmer persönlich sowie in ihrer Theaterarbeit mit Kindern ansprach. Zugleich darf aber nicht verschwiegen werden: Zapotoczky stellte eine Technik für die Behandlung psychisch Leidender vor; das Problem der Sozialwissenschaftler — intersubjektive Nachprüfbarkeit von empirischen Befunden, Kontrolle von Handlungsstrategien — stand hier nicht zur Debatte.

4. Die oftmals unbefriedigende Verständigung darf indes nicht allein dem Auditorium angelastet werden. Die mühevolle Annäherung zwischen Theatermachern und Sozialwissenschaftlern verlangt wohl zum einen die Bereitschaft der Praktiker, wissenschaftliche Methoden zu verstehen. Zum anderen bedarf die Verständigung der Mühe der Sozialwissenschaftler, ihre methodische Position, ihr Reflexionsniveau allgemein verständlich zu machen und den Anspruch ihrer Theorien zu erklären. Eine Möglichkeit der Kommunikation zeigte der Psychologe Klaus Müller, als er nach der Diskussion seines Referates die Bedeutung empirischer Befunde überhaupt und für die Theaterpraxis insbesondere noch einmal sinnfällig herausarbeitete.
Die schwierige Vermittlung zwischen Theorie und Praxis macht verständlich, daß sich die Diskussionen immer wieder auf die ideologischen Prämissen einpendelten. Da man sich in dem Ziel einig war, mit dem Kinder- und Jugendtheater über neuartige Interaktionsmuster langfristig zur Veränderung der Gesellschaft beizutragen, tauchte auch immer wieder die Frage der Normendefinition auf. Dabei strebte jeder nach der Legitimation der eigenen Normen — die Hypothek der pluralistischen Gesellschaft war wieder einmal zu zahlen.
Wie sehr auch eingeräumt werden muß, daß Ideologieverdacht und Ideologiekritik die wissenschaftlich-methodischen Fragen in den Hintergrund drängen, so ist doch der Gewinn nicht weniger sichtbar: Im pädagogisch verantworteten Kinder- und Jugendtheater werden Spielvorlagen und Spielformen nicht länger aus ästhetischer Tradition zu begründen sein. Theaterspielen wird heute bei der Kenntnis der Entwicklung des Kindes, der Interaktionsprozesse in unserer Gesellschaft, der Konflikte und ihrer Lösungschancen einzusetzen haben.

Die Zusammen-„arbeit" darf sich indes nicht auf das einmalige Anhören von Thesen und hitziges Diskutieren beschränken. Das wissenschaftliche Material muß verfügbar sein, damit es immer wieder an der täglichen Praxis überprüft werden kann und die tägliche Praxis an ihm. Deshalb ist das Buch als Kommunikationsmittel nötig; es enthält neben wichtigen Ausschnitten aus der Berliner Tagung weiteres Material.
Das einleitende Referat von Jurg Molenaar über die Zusammenarbeit von Theater und Schule in den Niederlanden ist in mehrfacher Weise ein Vorgriff und damit ein möglicher Orientierungspunkt: Holland hat sein Jugendtheater bereits weiter entwickelt; die Zusammenarbeit zwischen Schule und Theater ist institutionalisiert. Auf der anderen Seite spricht in Molenaar, der sechs Jahre lang die Theatergruppe „Proloog" leitete, ein Praktiker, der die theoretische Reflexion fordert, sich ihr selbst immer wieder unterzieht, sie auch von seinen Schauspielern verlangt, und der ständig Wissenschaftler und Pädagogen zu seiner Theaterarbeit heranzieht.
Nach dieser Einarbeitung in den Themenkomplex setzen wir mit einer theoretischen Umkreisbestimmung ein. Sozialwissenschaftliche Theorie und Empirie bringen die Referate von Dieter Claessens (Anthropologie), Lothar Krappmann (Soziologie) und Klaus Müller (Psychologie). Der Beitrag von Hans-Wolfgang Nickel versucht, zwischen diesen Aussagen der Wissenschaft und einer auf Praxis zielenden Interaktionspädagogik zu vermitteln. Er basiert auf der soziologischen Erklärung der Wirklichkeit als Rollenhandeln, trennt absichtlich scharf dieses Rollenhandeln vom Rollenspiel und bemüht sich, den Freiraum zu bestimmen, den das Rollenspiel des Kindertheaters zur Einübung und Veränderung von Rollenhandeln eröffnet. Der Didaktiker Wolf-

gang Schulz ergänzt diese Überlegungen durch Zielbestimmungen für Kindergarten und Grundschule.
In die Praxis hinein führen die folgenden Beiträge. Sie erläutern die besondere Methode des Psychodramas (Hans-Georg Zapotoczky), das Theater mit Kindern am Beispiel eines kompensatorischen Arbeiterkindertheaters (Arno Paul) und die Arbeit im Theater für Kinder des Reichskabaretts Berlin (Rainer Hachfeld).
Der abschließende Beitrag (Hans-Wolfgang Nickel) versucht, die Vielfalt der möglichen Formen des Kindertheaters zu ordnen und ihre spezifischen Forderungen zu bestimmen.

Jurg Molenaar

# Theater und Schule

Ich will Ihnen von der wachsenden Zusammenarbeit zwischen Theater und Schule in den Niederlanden berichten und zugleich den Zusammenhang deutlich machen, der zwischen den wissenschaftlichen Referaten und der Theaterpraxis besteht.
Lassen Sie mich mit fünf Thesen beginnen:
a) Theater wird nur dann lebendig sein können, wenn es sich aus der Verbindung mit und dem Im-Dienst-Stehen bei einer sich auch mittels des Theaters manifestierenden Oberschicht der Bevölkerung entzieht.
b) Theater darf nicht mehr Selbstzweck sein; es muß Mittel werden.
c) Schulerziehung wird ihre bildende Funktion nur dann ausüben können, wenn sie sich den auch im Unterricht manifestierenden Ideal-Bildern der Oberschicht entzieht.
d) Erziehung darf nicht mehr Selbstzweck sein; sie muß Mittel werden.
e) Beide — Theater und Schulerziehung — müssen deshalb in Zusammenarbeit die geeigneten Formen entwickeln, um in optimaler Weise Menschen einer neuen Gesellschaft zu bilden und damit den Sinn ihres Bestehens in der heutigen Gesellschaft zu erfüllen.

## 1. Theater in vertikaler Streuung

Seit vielen Jahren schon zeigen niederländische Truppen ihre Vorstellungen in allen Teilen des Landes, also in horizontaler Streuung. Seit einigen Jahren aber will man das Reisen einschränken und statt dessen die verschiedenen Gruppen der Bevölkerung in der eigenen Stadt oder der eigenen Region ansprechen; man will also vertikal streuen. Dieses Bemühen ist unter anderem deshalb notwendig, weil der Theaterbesuch in den Niederlanden unaufhörlich zurückgeht. Setzt man für 1950 die Indexziffer 100 fest, so beträgt sie für 1960 nur noch 77, für 1969: 70.
Trotzdem sind die Subventionen stark gestiegen; viele neue Theater wurden gebaut; die Zahl der Ensembles und ihre Vielfalt ist gewachsen. Die bestimmenden Gruppen der Gesellschaft sind also am Theater interessiert; zugleich tragen sie es in weitem Maße. Im Vergleich zur demographischen Gesamtstruktur der niederländischen Bevölkerung ist unter dem Theaterpublikum die Gruppe mit höherer Schulbildung fünfmal überrepräsen-

tiert; die Gruppen mit Mittelschul- oder Volksschulbildung sind zweimal bzw. siebenmal unterrepräsentiert.

Zu dem Bemühen um vertikale Streuung gehört auch die Beschäftigung mit der Jugend: das Publikum der Zukunft soll an das Theater herangeführt und gewöhnt werden. Obwohl man dabei oft von musischer Bildung spricht, geht es im Grunde doch hauptsächlich um Publikumswerbung für die Zukunft.

Auch bei der 1963 gegründeten Theatergruppe „Proloog" stand zuerst die herkömmliche Kunst im Mittelpunkt: Mit Vorstellungen, Einführungen und Diskussionen wollte man das Publikum, insbesondere die Jugend, lehren, Kunst zu lieben und Gefühl für das Schöne zu entwickeln. Man hoffte auf die Richtigkeit der These, daß der Mensch Kunst stets mit den Normen seiner Pubertät sieht, und war sicher, daß Kunst mit den Normen der kulturtragenden Elite, der „Oberschicht" der Gesellschaft, zu definieren sei. Man hielt sich also an einen klassischen Kulturbegriff, der für das moderne Repertoire nur die kanonisierte Avantgarde akzeptierte. Immerhin war es ein erster Schritt. Man spielte Pinter, Ionesco, Albee, Mrozek und Stücke des klassischen sowie des realistischen Repertoires.

Durch den engen Kontakt aber mit einem spontan reagierenden jungen Publikum trat ein Wandel ein. Immer mehr trat statt der vorab definierten Kunst das Publikum in den Mittelpunkt. Man versuchte, an die konkrete Lebenswelt der betreffenden Publikumsgruppe anzuknüpfen, nicht an ein ästhetisches Schönheitsideal. „Das Medium der Schönheit neutralisiert die Wahrheit und entrückt sie der Gegenwart. Was in der Kunst geschieht, verpflichtet zu nichts", steht bei Marcuse. Wenn also das Theater intensiv wirken will, dann muß es an allen nur möglichen Fronten immer wieder beweisen, daß es alle Aspekte menschlichen Erfahrens und Handelns berührt. Es muß Fragen nach der Qualität unserer Existenz aufwerfen. Nur dann kann es eine den Menschen bildende Funktion haben; nur dann wird es nicht nur der Erhaltung der bestehenden Gesellschaft dienen.

Damit komme ich auf die erste These zurück: Theater muß sich dem Dienst der Oberschicht entziehen, es muß sich weigern, diese Sklavenrolle weiter zu spielen. Es muß Lebenssituationen und Bezugssysteme der verschiedenen Gruppen unserer Gesellschaft berücksichtigen. Dann wird es Kommunikationen suchen können und finden. Der Begriff Kunst stellt bei einer solchen Interaktion keinen absoluten Wert mehr dar. Jede Gruppe hat ihre eigenen Wahrheiten, ihre eigene Sprache — unterschiedlich zwar, doch gleichwertig.

Von diesem Ausgangspunkt aus darf sich das selbstbewußte Theater auch Erziehungsarbeit als Ziel seiner Arbeit setzen.

## 2. Erziehung durch Drama

Theater darf sich also nicht nur auf den Bereich „Kunst“ festlegen; es darf nicht nur eine musische Bildung vermitteln, die neben und außerhalb gesellschaftlicher und politischer Bildung steht.

„Proloog“ versuchte also, die Entwicklung der Gesamtpersönlichkeit zu beeinflussen und menschliche Kreativität zu fördern, die weit über den Bereich Kunst und Kultur hinausgeht. Deshalb also Erziehung durch Drama!

Bei der genaueren Klärung von Bedingungen und Zielen der Erziehung[1] trat die Frage der Kreativität immer mehr in den Vordergrund. Kreatives Verhalten setzt als erstes voraus, bewußt in seiner Umgebung zu leben. Der Mensch wird in seinen Normen und in seinen Verhaltensweisen in starkem Maße durch seine tägliche Umgebung, seine gesellschaftliche und seine ökonomische Situation bestimmt. Aufgabe der Bildungsarbeit muß es sein, diese Erscheinung bewußt zu machen; deshalb gehören eine gesellschaftsbewußte und eine gesellschaftskritische Haltung zum Bildungsziel. — Von hier aus verstehen wir „kreativ leben“ im Sinne von „Antwort geben“ — und zwar überall da, wo ein Vorgang Fragen aufwirft, zu kritischer Beurteilung herausfordert, das Bestehende zu verwerfen einlädt, kurz: wo ein Vorgang als problematisch erfahren wird. Kreativität bezeichnet also das qualitative Vermögen, zu einer Antwort zu kommen. An diese Antwort sind drei Forderungen zu stellen:

— Sie muß für die betreffende Person oder Gruppe neu sein.
— Sie muß eine realistische Lösung des Problems darstellen und für die Situation von Bedeutung sein.
— Die Antwort oder das Antwortgeben muß auf lange Sicht für den Betroffenen von Bedeutung sein.

Es ist vielleicht sinnvoll, sich für Einsichten über Kreativität auf Erich Fromms Artikel „The Creative Attitude“ zu berufen. Neben jene Kreativität, wie sie Künstlern zugedacht wird, stellt Fromm eine weitere Definition: das Vermögen, etwas zu sehen (sich über etwas bewußt zu werden) und darauf zu antworten. Das, meint Fromm, sehe zwar einfach aus,

[1] Erziehung bzw. „Bildungsarbeit“ (entsprechend dem niederländischen Wort „vormingsarbeid“) bedeutet nach unserem Verständnis:
„Bewußtes Anbieten von Möglichkeiten, durch die der (junge) Mensch sich zu einem Individuum entwickeln kann, das nach optimaler Bewußtwerdung über sich selbst und seine eigene Umgebung strebt, und das imstande ist, aufgrund der ausgebildeten eigenen Identität kreativ, d. h. schöpferisch zu leben, zu denken, zu fühlen, zu handeln.“

sei es aber nicht. Vielen Menschen gelänge es sogar, nichts wirklich zu sehen und dennoch darauf zu antworten. „Echtes Sehen" ist nach Fromm eine Handlung, durch die sich eine Person mit all ihren Fähigkeiten auf eine Person, ein Objekt, eine Situation konzentriert. „Echtes Sehen" ist eine Voraussetzung für „wirklich antworten" aus der totalen Einbeziehung von Geist, Herz und Hand. Fromm nennt fünf Voraussetzungen für eine kreative Haltung:

a) Das Vermögen sich ohne jeden Schimmer von Blasiertheit über alles und jedes zu wundern.

b) Das Vermögen sich wirklich zu konzentrieren, es kommt in westlichen Kulturen nur selten vor.

c) Das Vermögen, sich selbst als Ausgangspunkt des eigenen Tuns und Handelns zu erleben. Nicht die Umgebung, sondern die eigene Identität bestimmt, was man fühlt, tut, läßt.

d) Das Vermögen, Konflikte und Spannungen als Folgen einer Polarisation zu akzeptieren. Das Verschleiern von Polaritäten führt zu einer Verflachung von Erlebnissen, zur Gleichgültigkeit.

e) „The willingness to be born every day", die Bereitschaft, sich aus der beschirmenden Sicherheit nach vorn bringen lassen, um dem Unbekannten zu begegnen[2].

Den gesellschaftlichen Aspekt bei Fromm habe ich in meiner gerafften Zusammenfassung herausgelassen.

Die Übereinstimmung zwischen kreativer Haltung und der zuvor beschriebenen Auffassung über Bildungsarbeit bestimmte unseren Ausgangspunkt in der Theaterarbeit. Erinnern Sie sich bitte an die zweite These zu Beginn meines Referats: „Theater darf nicht mehr Selbstzweck sein; es muß Mittel werden." Zum Mittel im Bildungsprozeß wird das Theaterspiel, wenn es sich als „Erziehung durch Drama" versteht und sich dem Ziel der kreativen Reaktion auf unsere heutige gesellschaftliche Situation verschreibt. Doch nicht nur angesichts der gegenwärtigen Verhältnisse, die kreativer Haltung weitgehend feindlich gegenüberstehen, sondern ganz generell muß „Erziehung durch Drama" gesellschaftskritisch sein, so wie es von jeder Erziehungsform zu fordern ist.

Das Erziehungsziel kann indes nicht unbeeinflußt von dem Verhältnis zwischen Zögling und Erziehungsleiter bleiben. Denn der zu Erziehende hat eine eigene Verantwortung: Er wählt aus den angebotenen Möglich-

[2] *Erich Fromm,* The Creative Attitude, aus: Anderson, H. H. (Hrsg.): Creativity and its Cultivation, Michigan State University, New York 1959

keiten aus und bestimmt die Realisierung des Erziehungsziels mit. Durch den höheren Bewußtseinsgrad über das Bildungsziel und durch die Kenntnis der zahlreichen Trainingsmethoden des Theaterspiels hat der Erzieher die Aufgabe, den Heranwachsenden über die Ursachen der Konflikte aufzuklären.

Diese Überlegungen führe ich hier insbesondere deshalb an, weil sich Theaterleute üblicherweise in einem von ihnen abgesteckten künstlerischen Bereich bewegen. Ihnen gegenüber hat die Proloog-Gruppe, die für die Jugend da sein will, erst einmal damit anfangen müssen, in praktischer Arbeit pädagogische Prinzipien zu erproben. — Über ein weiteres, für uns sehr wichtiges Ergebnis der Arbeit in der Erziehungspraxis berichte ich im folgenden.

### 3. Zusammenarbeit von Theater und Schule

In These c und d, die ich zu Beginn meiner Ausführungen vortrug, haben Sie bereits gehört, daß wir die wichtige erzieherische und gesellschaftliche Institution der Schule in einer ähnlichen Rolle sehen wie das Theater: Sie wird bis jetzt noch in weitem Maße von den Bildungsvorstellungen der Oberschicht bestimmt; die Schule muß aber, wie das Theater, von diesem scheinbaren Selbstzweck loskommen und zum Mittel im Bildungsprozeß werden.

Anfänge einer veränderten Schul- und Erziehungsarbeit konnten wir in den Niederlanden in den letzten Jahren beobachten. Neue Gesetze, die in Vorbereitung oder schon in Ausführung sind, bringen eine stärkere Demokratisierung, betonen das Streben nach Persönlichkeitsbildung, nach Beeinflussung sozialer Verhaltensweisen, nach Teamwork, nach mehr Flexibilität und Freiheit. Besondere Aufmerksamkeit wird der kompensatorischen Spracherziehung gewidmet. Hier sei das Projekt von Dr. Grandia erwähnt, das von der Einsicht ausgeht, daß ein Kind mit einer sozial bedingten Spracharmut in der Schule stets weiter zurückbleiben und nur wenig Chancen an einer weiterführenden Schule erhalten wird. Dr. Grandia und eine Anzahl freiwilliger Helfer haben inzwischen das Problem eines Sprachunterrichts für Arbeiterkinder in Angriff genommen. Dabei wird auch die Technik des kreativen Spiels herangezogen. In Rotterdam z. B. hat das Stadttheater Fachleute für dieses Gebiet angestellt, um diese Arbeit zu unterstützen.

In derartigen Reformansätzen im Bereich der Schule sahen wir *gemeinsame Ausgangspunkte*; sie haben uns bestärkt, die Chance der Zusammenarbeit zu nutzen. Denn das schützt uns nicht nur davor, in der Arbeit mit kleinen, freiwilligen Gruppen womöglich noch die Erziehungsvorteile einiger weniger zu unterstreichen. Darüber hinaus sind wir überzeugt, daß sich die Schule noch aus einer Reihe anderer Gründe für die „Erziehung durch Drama" eignet, also einen *Gewinn für das Theater* bedeutet:

a) weil eine Theatergruppe den Bildungsprozeß nicht allein bewerkstelligen kann;

b) weil Erziehung mit Hilfe des Theaters einen Gruppenprozeß voraussetzt, also den Rahmen suchen muß, in dem man Gruppen ansprechen kann;

c) weil es da, wo die Gesellschaft eine einflußreiche Institution für die Erziehungsarbeit geschaffen hat, von Vorteil ist, nicht isoliert innerhalb seiner eigenen Spezialisierung zu arbeiten;

d) weil ein Ziel der Schulerziehung die Bildung des Menschen ist oder sein müßte, die Ziele also übereinstimmen;

e) weil die Schule über größere pädagogische Erfahrungen verfügt, die sich das Theater zunutze machen kann;

f) weil das Theater Einrichtungen und Organisationsformen der Schule benutzen kann;

g) weil man innerhalb der Schule auf relativ homogene Gruppen trifft. Dies gilt nicht allein für Altersgruppierung; auch der soziale Bezugsraum ist recht gleichartig, denn — ob wir es wahrhaben wollen oder nicht — die Schule wirkt sozial selektiv;

h) weil Aufklärung über die unglückliche gegenwärtige Gesellschaftssituation besser durch die Schule als durch die Eltern stimuliert werden kann, die sich zumeist in abhängigen Positionen befinden.

In der langen Reihe der Argumente für die Kooperation habe ich bis jetzt nur die für das Theater nützlichen Punkte hervorgehoben. Doch wollen wir nicht vergessen, daß die Zusammenarbeit auch *Vorteile für die Schule* bringt.

Warum ist also das Drama auch für die Schule ein wichtiges Mittel der Bildung?

a) Kommunikation, eine Voraussetzung jedes Bildungsprozesses, vollzieht sich nicht nur auf verbaler Ebene, sondern ebenso auf den Ebenen der sinnlichen Wahrnehmung, des Verstandes, der Gefühle, der motorischen Äußerungen.

b) Kommunikation muß und kann deshalb auch in einer Gruppe möglich sein, die wenig Vermögen zur Abstraktion besitzt.

c) In solchen Gruppen regen am ehesten Grundmotive aus der täglichen Erfahrung individueller und gesellschaftlicher Situationen die Kommunikation an.

Das Drama ist eine derjenigen Formen, die jegliche Aspekte menschlichen Lebens auf allen Kommunikationsebenen darstellen kann.
Darüber hinaus gibt das gegenwärtige Erziehungssystem genug Anlaß, den Vorteil für die Schule, den sie in der Zusammenarbeit mit dem Theater wahrnehmen kann, kräftig zu unterstreichen. Ich möchte nur drei Punkte nennen:
a) Innerhalb des Unterrichts gerät die Schule leicht in die Gefahr, sich vor der wirklichen Welt zu verschließen. Theater und Theatermacher können hier eine sinnvolle Ergänzung bieten.
b) Jetzt, wo das Interesse an musischer Bildung auch innerhalb der Schule wächst, kann der Kontakt mit dem Theater die Entfaltung eigener Aktivitäten der Lehrer in diesem Bereich anregen und fördern.
c) Bis heute stimuliert in vielen Schulen das Wettbewerbssystem in starkem Maße den Individualismus. Starker Individualismus kann indes zur Isolation und zu gesellschaftlichem Autismus führen. Andererseits findet man etwa in amerikanischen Schulen ein System, das die Kooperativen im Gruppenverband entschieden begünstigt und den einzelnen zwingt, sich anzupassen. Hier droht die Gefahr, daß die eigene Identität viel zu wenig ausgeprägt wird. In beiden Fällen kann das Theaterspiel im Unterricht mit seinen gesellschaftlichen und persönlichkeitsbildenden Möglichkeiten von großem Wert sein.

## 4. Praktische Arbeit der Theatergruppe Proloog

Proloog geht bei der Vorbereitung und bei den Aufführungen von einer Einteilung in Altersgruppen aus; je zwei aufeinanderfolgende Klassen sehen das gleiche Programm:
5. und 6. Klasse Grundschule, 10—13 Jahre
1. und 2. Klasse im gesamten Oberschulbereich, 13—15 Jahre
3. und 4. Klasse Oberschule, 15—17 Jahre
Oberstufe und Berufsschulen, ab 16 Jahre
Daneben haben wir für einzelne Gruppen, wie die Berufschule und die Lehrkräfte, besondere Programme vorbereitet.
Diese Einteilung nach Altersgruppen ist für die Schule, in der wir spielen, verbindlich, wird aber selbstverständlich flexibel gehandhabt. In dem Bemühen, sozialen Situationen der Kinder und Jugendlichen gerecht zu werden, achteten wir seit Beginn unserer Arbeit auf die unterschiedlichen Reaktionen der Zuschauer. Wir konnten feststellen, daß bei etwa fünfzehn Jahren eine stärkere Differenzierung sichtbar wird. Während bis dahin die Unterschiede in den Reaktionen vornehmlich von den Lehrkräften

und dem in der Schule herrschenden Klima bestimmt schienen, beobachteten wir bei den älteren Zuschauern deutliche Unterschiede zwischen den Schülern der verschiedenen Schultypen, von der Berufsschule bis zum Gymnasium. Vielleicht erweist es sich in Zukunft als günstiger, anstelle der Aufteilung nach Altersgruppen innerhalb der einzelnen Schulen Einteilungen nach sozialen Gesichtspunkten vorzunehmen.
Die Gruppierung nach dem Alter wirft noch die Frage auf: Warum beginnen wir mit Zehnjährigen?
a) Weil man bei dieser Altersgruppe einen deutlichen Rückgang der Kreativität beobachten kann, der durch kreatives Spiel aufgehalten werden kann;
b) weil abgeschlossene Vorstellungen für ein sehr viel jüngeres Publikum als Mittel der Bildung wenig effektiv sind, vielmehr hingegen kreatives Spiel (allerdings ist dabei die Vertrauensposition des eigenen Lehrers von solchem Ausschlag, daß er diese Arbeit viel besser selbst tun kann, selbst wenn er nicht dafür vorgebildet ist);
c) weil Proloog von Beginn an für die älteren Schüler gespielt hat und unter anderem durch den Mangel an Arbeitskräften keine Erfahrungen mit jüngeren Schülern sammeln konnte.

Die *Vorbereitung der Aufführungen* unterscheidet sich grundsätzlich vom Repertoire-Theater, denn nur wenige Stücke des üblichen Spielplans sind ohne Einschränkungen für die Bildungsarbeit geeignet. Viele Programme werden deshalb in Zusammenarbeit mit Autoren konzipiert. Die Themen der Produktionen und die didaktischen Maßnahmen werden oft auf Grund von Interviews mit Schülern, nach Gesprächen mit Lehrkräften und anderen Fachleuten, wie etwa Psychologen und Pädagogen, gewählt. Alle, die zu einer Produktionseinheit gehören — Regisseur, Schauspieler, Mitarbeiter für kreatives Spiel, Techniker, Souffleuse, Dramaturg und Sozialpädagoge — arbeiten in dieser *Konzeptionsphase* möglichst vollzählig zusammen.
In der *Proben-Phase* wird von Anfang der Kontakt mit Publikumsgruppen angestrebt. Der Kommunikationsprozeß steht im Vordergrund, nicht die artistischen Prätentionen von Regisseur und Schauspieler.
Die Arbeit geht erstens von unserem Ziel der „Erziehung durch Drama" aus, d. h. der Stärkung der Selbstidentität insbesondere in Richtung auf eine gesellschaftskritische Haltung. Zweitens wird die Arbeit von dem für die Vorstellung gewählten Thema bestimmt und drittens von dem Ziel der Zusammenarbeit mit der Schule. Alle drei Faktoren bestimmen die Form der Vorstellung, die als Resultat eines Gruppenprozesses aller Mit-

arbeiter entsteht, die gemeinsam Zielsetzung, Thematik und Realisierung durchdacht haben müssen.

In der Proben-Phase werden auch die begleitenden Maßnahmen konzipiert, wie etwa die ergänzenden Unterrichtsstunden, die von Mitgliedern des Theaterensembles gegeben werden, wie kreatives Spiel oder Diskussionen, sowie die Broschüren für Lehrer. Die Broschüren enthalten eine Zusammenfassung der Ziele unserer Arbeit, Vorschläge für die Vorbereitung auf die Aufführung und Anregungen für weitere Aktivitäten in der Klasse.

Das Endprodukt, die *Vorstellung*, muß flexibel sein, um auf Reaktionen der Lehrer und Schüler mit Veränderungen reagieren zu können. Nach etwa fünf Vorstellungen für Jugendliche folgen zwei Abendvorstellungen speziell für Lehrer, so daß diese die Vorstellungen in den laufenden Unterricht einbeziehen können. Die Presse ist ausschließlich zu den Jugendvorstellungen zugelassen.

Die *Schauspieler* müssen *kind-gerichtet* sein, d. h. bereit und imstande sein, sich der Lebenswelt des Kindes von heute anzupassen. Sie müssen selbst „gebildet" sein, d. h. eine „kreative Einstellung" haben und gesellschaftsbewußt sein. Sie müssen bereit sein, in einer pädagogischen Situation zu arbeiten, sowie an einer Weiterbildung in Psychologie, Soziologie, Pädagogik und auch des Allgemeinwissens teilzunehmen.

Die *sozialpädagogische Abteilung* (mit zwei Fachreferenten und zwei Praktikanten) hat die Aufgabe, den gesamten Bildungsprozeß zu begleiten und zu intensivieren, sowohl denjenigen, den die Theatergruppe in der Schule initiieren will wie den Bildungsprozeß der Gruppe selbst.

Neben regelmäßigen Kontakten mit einzelnen Lehrern und Schülern und gelegentlichen Aktivitäten nimmt die Abteilung vier wichtige Aufgaben wahr:

a) Zusammenstellung und Redaktion der Broschüren für Lehrer,
b) Berichterstattung über die Vorstellungen,
c) Information des Theaterensembles,
d) Entwicklung neuer Techniken wie z. B. Simulations- und Rollenspiel.

Zur Berichterstattung: Für jede geplante Vorstellung wird eine Karteikarte angelegt. Die Schule oder die kommunale Kulturorganisation, die als Veranstalter zeichnet, meldet Umfang und Zusammenstellung des Publikums (Schultypus, Klasse), die bestellte Anzahl von Broschüren und Programmen, die eventuell erbetene Unterstützung durch einen Sozialpädagogen. Nach der Vorstellung vermerken die Schauspieler auf der Karte ihre Ansicht über das Niveau der Vorstellung und den Verlauf des Kommunikationsprozesses. Die Schule bekommt die Karte dann zurück, um auch die Re-

aktionen von Lehrern und Schülern festzuhalten, so daß die Karte schließlich dazu dient, ein besseres Bild von den ca. 2000 Schulen zu bekommen, für die wir arbeiten.
Die *Informationsarbeit des Ensembles* geschieht mit Hilfe kurzer Bulletins über relevante Sujets (z. B.: Innovationen im Schulsystem, Marxsche Lehre, Auffassungen von Mandel, Friedensforschung, Publikumsreaktion auf eine Produktion). Diese Informationsarbeit ist von besonderer Bedeutung für den internen Entwicklungsprozeß. In ihn beziehen wir auch Techniker und Souffleusen ein, die über ihre Spezialisierung hinaus einen effektiv kreativen Anteil an Proben und Vorstellungen haben. In der nächsten Saison wird wöchentlich ein voller Tag ausschließlich für Training und Weiterbildung aller Mitarbeiter zur Verfügung stehen.
Angesichts der hier angedeuteten Arbeitsweise und der skizzierten Auffassung von Individuum und Gesellschaft wird es Sie nicht überraschen, daß sich Proloog inmitten eines Prozesses interner Demokratisierung der Gruppe seiner 35 festen Mitarbeiter befindet. Die Direktion besteht in der Mehrheit aus gewählten Mitgliedern, das Stiftungspräsidium zu 49 Prozent. Die Produktionseinheiten sind stark autonom, Spezialisierungen wie Technik, kreatives Spiel, Theaterspiel usw. verwischen sich immer mehr. Die Entscheidungen über das Repertoire werden von der ganzen Gruppe getroffen. Als ein Ergebnis unseres internen Bildungsprozesses ist zu vermerken, daß innerhalb weniger Jahre die überwiegend jungen Schauspieler den Übergang von einer Kunst in einer autoritären Struktur zur Kunst als Erziehungsfaktor im Rahmen einer demokratisierten Struktur nicht nur akzeptieren lernten, sondern vor allem auch stimulierten. Die Fluktuation in unserer Gruppe ist mit 15 Prozent jährlich gering.
Gegenwärtig verschiebt sich in unserer Proloog-Gruppe deutlich der Akzent von den Vorstellungen, die ursprünglich im Mittelpunkt standen, zu den *begleitenden Maßnahmen*, bei denen das Publikum aktiv „mitspielt". Zur Verdeutlichung seien unsere Aktivitäten kurz skizziert:
*9—12jährige:* Collageartige Vorstellung, in Zusammenarbeit mit einem Autor entstanden für maximal 350 Schüler. Themen: Aggression, Krieg und Frieden, Umweltverschmutzung, Relativierung der Autorität von Cowboys, Quizmasters und Fußballhelden. Innerhalb von 14 Tagen spielt mindestens einmal einer unserer Mitarbeiter mit den jeweiligen Klassen Szenen zu dem gesehenen Stück. Als Alternative ein Simulationsspiel oder Unterstützung bei einem Unterrichtsprojekt, bei dem die Themen der Vorstellung im Mittelpunkt stehen.
*12—15jährige:* Ein zusammen mit einem Autor und einem Psychologen produziertes Pop-Musical für maximal 500 Schüler. Thema: Die Forderun-

gen, die Erwachsene stellen, und denen Du als Nicht-Erwachsener entsprechen mußt. Daneben ein Simulationsspiel zu demselben Problem für höchstens 70 Schüler, in der Schule geleitet durch drei Mitarbeiter von Proloog und einen oder zwei Lehrer. Die emotionale Motivierung zum Simulationsspiel wird durch ein kurzes Vorspiel zu Anfang verstärkt.

*15—17jährige:* Zwei Theaterstücke: „Der lusitanische Popanz" von Weiss und für mehr realistisch Interessierte Szenen aus „Partner" von Remke Korn für maximal 450 Schüler. Daneben blieb das in der letzten Saison von einem Produktions-Team erarbeitete Programm „Freiheit, ja, nein, weiß nicht" für maximal 300 Schüler im Repertoire. Dieses Stück stellt Entscheidungsfreiheit von Familie, Schule und Betrieb zur Diskussion. Das Team verwandte für die Vorbereitung vor allem das Buch von Engels „Über den Ursprung der Familie, des Privateigentums und des Staates", die Darstellung der marxistischen Wirtschaftstheorie von Mandel und „Das Rote Buch für Schüler". Neben vielen positiven Äußerungen ist die Kritik aus Schulkreisen an diesem Programm sehr viel heftiger als an anderen: vor allem kritisiert wurde die anti-autoritäre und die politische Tendenz.

Für *arbeitende Jugendliche* von 14—16 Jahren haben wir ein eigenes Programm entwickelt, das von ihrer spezifischen, diskriminierten Lebenssituation ausgeht; es ist für höchstens 60 Lehrlinge bestimmt. Wir erreichen diese Jugendlichen in der Berufsschule, die sie einmal wöchentlich besuchen. Unser Ziel ist es, ihren Ausbildungsleiter bei seiner Aufgabe zu unterstützen, Selbstvertrauen und Bewußtseinsvorgänge zu stimulieren. Sie sind vom ersten Tag bei den Proben anwesend und entscheiden mit über Thema und Form der Programme.

Für *ausgebildete und angehende Lehrer* wird in Zusammenarbeit mit der „NSKV"[3] ein Programm vorbereitet, das Aufgabe und Zielsetzungen von Erziehung und Erziehen zur Diskussion stellt. Diese Vorstellung ist wie der Begriff „Freiheit" ein Aufhänger für anschließende Diskussionen. Daneben werden auf vielen Schulen und bei Zusammenkünften von Schülern, Lehrern und zuweilen auch Eltern weitere Aktivitäten entfaltet: Vorträge, Diskussionen, kreatives Spiel, Simulationsspiele und Rollenspiel.

Nun noch einen knappen Hinweis auf das Ausmaß unserer Arbeit: etwa 300 Vorstellungen, 400 Unterrichtsstunden im Grundschulbereich, 500 Unterrichtsstunden in anderen Bereichen und 100 Vorträge. Ca. 1/3 unserer Arbeit leisten wir im Standort Eindhoven. Unsere größten *Probleme:*

— noch ungenügende Unterstützung durch und mangelnde Zusammenarbeit mit der Lehrerschaft,

[3] NSKV: Niederländische Stiftung für Musische Bildung

— zu wenig Integration mit anderen kreativen und musischen Aktivitäten in den Schulen,
— zu wenig Resonanz und Verständnis bei den Eltern, die von der Schule allein intellektuelle Lernergebnisse verlangen, hingegen kaum Erziehung zu Kreativität, Toleranz und zu bewußter Einstellung gegenüber Krieg und Frieden,
— noch zu wenig Einigkeit über die Motivation der Bildungsarbeit innerhalb unserer Theatergruppe selbst,
— noch zu wenig Zeit zu Besinnung, Vorbereitung und Follow-up infolge der täglichen Aktivitäten,
— noch zu wenig Einsicht in Erziehungsprozesse und deren Wirkungen[4].

## 5. Schlußfolgerungen

Lassen Sie mich bitte nun unser Programm einer „Erziehung durch Drama" resümieren.
a) Kinder- und Jugendtheater kann nur dann verantwortet werden, wenn es in erster Linie von einer pädagogischen Zielsetzung ausgeht.
b) Die Kinder und Jugendlichen mit ihren Problemen müssen im Mittelpunkt stehen. Das Theater muß sich auf ihre sozialen Bezugssysteme berufen, sie aber gleichzeitig in Frage stellen. Theater muß Möglichkeiten zur Bewußtseinsbildung bieten, es darf nicht nur bestehende Sicherheiten bestärken.
c) Die drei Bildungsphasen im Drama: Tun, Wahrnehmen, Sinngeben verlangen nach einer Arbeitsweise, bei der neben Theatervorstellungen Gruppentechniken wie kreatives Spiel oder Diskussion benutzt werden müssen.
d) Ohne besondere Ausbildung sind Schauspieler für diese Arbeit nicht geeignet. Ein festes, spezialisiertes Ensemble mit demokratischen Arbeitsmethoden ist die günstigste Organisationsform für Zusammenarbeit und Weiterbildung.
e) Wissenschaftliche Untersuchungen, wissenschaftliche Unterstützung in der Praxis, Sammlung und Auswertung der empirischen Befunde sind von essentieller Bedeutung.
f) Die Frage nach dem gesellschaftlichen Ertrag muß einer der bestimmenden Ansätze sein. Zusammenarbeit mit Schule und anderen Erziehungseinrichtungen ist eine logische Konsequenz.

---

[4] In einem ersten wissenschaftlichen Projekt des Instituts für experimentelle Pädagogik an der Universität von Gent werden jetzt die eventuell durch Vorstellungen und Unterrichtsstunden von Proloog hervorgerufenen Verhaltensänderungen bei Jugendlichen im Alter von 10 bis 13 Jahren untersucht.

Marion Klewitz — Hans-Wolfgang Nickel

# Schultheater — ein Programm

## Theater und Schule

Möglichkeiten, Stufen der Kooperation

*Keine Zusammenarbeit*
Theater und Schule existieren nebeneinander ohne gezielte Kontakte

*Werbung*
Schulveranstaltungen werden dem Theaterensemble angezeigt
Broschüren über aktuelle Schulfragen werden ausgelegt

*Information*
„Schule“ wird in Arbeitssitzungen behandelt

*Direkte Kontakte*
Mitglieder des Ensembles gehen in die Schulen, besuchen Unterricht
sie sprechen darüber

*Erweiterte Information*
Theaterleute besuchen Konferenzen, pädagogische Weiterbildungsveranstaltungen
Theaterleute laden Lehrer ein, die über ihre Arbeit berichten
Theaterleute laden Sozialwissenschaftler ein, die theoretische Themen behandeln

*Zusammenarbeit*
besuchen Proben in der Schule und beteiligen sich an der Inszenierung des Stückes
entwickeln gemeinsam mit Lehrern und Schülern Spielvorlagen für das Schultheater
spielen Konfliktstoffe im Unterricht durch
arbeiten am Lehrplan mit
Theaterleute und Lehrer regen gemeinsam wissenschaftliche Untersuchungen an.

**Schule und Theater**

Möglichkeiten, Stufen der Kooperation

*Keine Zusammenarbeit*
Schule und Theater existieren nebeneinander ohne gezielte Kontakte

*Werbung*
Schule erhält Plakate, Programme, evtl. auch Eintrittskarten des Theaters
ein Lehrer übernimmt die Werbung für das Theater, weist auf Aufführungen hin

*Information*
„Theater“ wird im Unterricht behandelt

*Direkte Kontakte*
Lehrer und Schüler gehen gemeinsam ins Theater
sie sprechen darüber

*Erweiterte Information*
Schüler besuchen Proben, besichtigen Bühnen, Werkstätten

Schüler laden Schauspieler ein, die aus ihrer Arbeit berichten
Schüler laden Autoren, Dramaturgen, Kritiker ein

*Zusammenarbeit*
besuchen Proben und beteiligen sich an der Inszenierung des Stückes

entwickeln gemeinsam mit den Theaterleuten Spielvorlagen für das professionelle Theater
demonstrieren den Theaterleuten ihre Verhaltensweisen und Konflikte
arbeiten am Spielplan mit
Lehrer und Theaterleute regen gemeinsam wissenschaftliche Untersuchungen an.

DIETER CLAESSENS

# Kind und Rolle — anthropologische Vorüberlegungen

## Vorbemerkung

Wenn wir uns dem Thema „Kind und Rolle" mit anthropologischen Vorüberlegungen nähern, dann bedeutet das für mich keine modische Legitimation meiner Aussagen über die „Entwicklung" des Kindes zum Erwachsenen. Im Gegenteil: Anthropologische Überlegungen zwingen uns zu Aussagen über den Menschen, die wir, modischen Trends folgend, gern verdrängen, z. B. daß die Geschlechter sich erheblich voneinander unterscheiden.

Der anthropologische Ansatz bedeutet für mich auch nicht, diese faszinierende Thematik gleichsam bildungsbürgerlich zu psychologisieren. Vielmehr liegt mir daran, anthropologische Überlegungen in den soziologischen Bereich hinein zu übersetzen.

Unsere anthropologischen Überlegungen sollen uns auch nicht auf evolutionstheoretische Aussagen führen. Obwohl wir einiges über die historische Entwicklung der menschlichen Kulturen wissen und auch einiges über physiologische Veränderungen des Menschen, z. B. seines Gehirns, berufen wir uns doch letztlich immer auf den Menschen, wie wir ihn heute vorfinden: Wir erleben uns nur so, wie wir sind. Und diese Tatsache hat heute eine besondere Bedeutung.

Ohne Überheblichkeit gegenüber früheren Epochen und anderen Kulturen können wir sagen, daß uns unsere Situation in einer hochindustrialisierten Gesellschaft eine einmalige Distanzierung vom Menschen erlaubt; sie ermutigt uns heute zu allgemeinen Aussagen über Bedingungen des Menschlichen. Denn wir haben erfahren, wo und wie das Menschliche ins Unmenschliche umschlägt; wir haben ein neues, hoch distanziertes, aber in seiner Indirektheit doch wieder direktes Verhältnis zu den menschlichen Möglichkeiten gewonnen, oder haben jedenfalls die Chance, es zu gewinnen.

## 1. „Entwicklung" des Kindes

Alle, die sich mit Kindertheater beschäftigen, haben entweder die Absicht, etwas zur Entwicklung von Kindern beizutragen; wenn nicht, geraten sie absichtslos in die dem Menschen besonders zugestandene Entwicklungsperiode „Kind“ hinein. Für alle ist es also zweckmäßig zu fragen: Wie kommt ein Kind dazu, „sich zu entwickeln“?

Ausgangsphase der Entwicklung ist die *Soziabilisierung*, in der das Kind durch emotionale Zuwendung von seiten seiner Pflegepersonen (die mit der europäischen und bildungsbürgerlichen Liebe nichts zu tun haben muß) und durch die notwendige physische Fürsorge erfährt, daß es in einen Kosmos hinausgetreten ist, der ihm in ähnlicher affiner Weise entgegenkommt wie das Innere der Mutter. Erikson bezeichnet dies als die Entwicklung von „Urvertrauen“, andere sprechen von „Weltvertrauen“. Ein erstes sinnfälliges Ergebnis dieser Entwicklungsphase ist die Fähigkeit zur Intentionalität: Das Kind bildet Vertrauen aus in die eigene Kraft, Welt bewältigen zu können; es erfährt an sich selbst Ermutigung, dies auch zu tun; es lernt, Intentionen zu entwickeln.

Auf der zweiten Stufe, der Verfestigung des Vertrauens, geht es darum, ein eindeutiges *Verhältnis zur eigenen und zur fremden Sexualität* zu gewinnen. Daß der werdende Mensch dabei mit seinem eigenen Körper beginnt, liegt im wahrsten Sinne des Wortes nahe: Die menschliche Hand reicht an alle Teile des Körpers, direkt ausgemessen an die Geschlechtsteile. Das in diesem Umfang bestärkte Neugierverhalten dehnt sich auf Welt überhaupt aus.

Unseren Beobachtungen nach können wir sagen, daß ein besonders gutes Vertrauensverhältnis zum Erwachsenen und zur Welt geschaffen wird, wenn das Verhältnis zum eigenen Körper und zu den eigenen Triebmöglichkeiten weitgehend ungebrochen bleibt. Im Hinblick auf unsere heutige Gesellschaft sollten wir für eine totale Öffnung dieses Verhältnisses plädieren.

„Entwicklung“ heißt weiterhin *Entfaltung der anthropologischen Dispositionen* zu Aktivität, Geselligkeit, Sexualität—Genitalität, Sprache—Arbeit.

Die Disposition zur Aktivität ist uns bereits von den höheren Säugern her bekannt; sie bezeichnet kaum etwas anderes als die Disposition zu Leben auf einer dem hochleistungsfähigen Gehirn des Menschen entsprechenden Stufe.

Die Disposition zur Geselligkeit hingegen müssen wir eher als eine beim Menschen spezifisch entwickelte Eigenschaft sehen; wir müssen annehmen, daß sich der Mensch über eine vorweglaufende Geselligkeitstendenz zum Menschen entwickelt und dabei die besondere Form des Angewiesenseins auf den Genossen oder den Gesellen ausgebildet hat.

Die Aktivitätschancen des Menschen werden wahrscheinlich nur dann voll ausgeschöpft, wenn er seine Disposition zur Sexualität so entwickelt und so frei verfügbar macht, daß er sich zu Fremden verhalten kann. In diesem Verhältnis entwickelt er seine Identität. Die menschliche Persönlichkeit ist zuerst auf die Besetzung sozialer Objekte mit Emotionen angewiesen und auf die Besetzung eigener Bedürfnisse mit diesen sozialen Objekten. Eine erste Hilfskonstruktion der Beziehung zum andern liegt in dem Verhältnis zu den elterlichen Pflegepersonen vor. Reifung des Kindes bedeutet nun, diese Bindungen als Hilfskonstruktionen zu erkennen, sich schrittweise von ihnen zu lösen und dadurch die Möglichkeit zu gewinnen, sich anderen — fremden — sozialen Objekten zuzuwenden. Sie vermag der Heranwachsende dann als Fremde zu sehen, d. h. er verfremdet sie nicht dadurch, daß er auf sie Bilder, Vorstellungen und Emotionen projiziert, die von den ursprünglichen sozialen Objekten (elterlichen usw.) abgezogen werden. Genitalität meint also die Fähigkeit, sich zu jemandem anderem zu bekennen (oder auch: ihn abzulehnen), und zwar aus dessen Eigenart heraus und nicht aus einer lediglich unterstellten Eigenart.

Die Disposition zu Arbeit und Sprache ist wiederum in engem Zusammenhang mit der Geselligkeitstendenz zu sehen. Arbeit darf nicht als bloße Eigenaktivität verstanden werden; sie ist Ausführung von etwas, was man will, aber nicht allein, sondern nur aufgrund der menschlichen Vergesellschaftung erreichen kann. In der Disposition zur Arbeit fließen Aktivität, Geselligkeit und Genitalität zusammen.

Die Organisation eines Arbeitsvorganges fordert überdies Kommunikation im Hinblick auf das verfolgte Ziel. Der notwendige Konsens ist nur über Sprache herzustellen. Sprache können wir also als ein wesentliches Derivat von Arbeit verstehen.

Um aus den aufgezählten Dispositionen Kompetenzen zu entwickeln, braucht das Kind in seiner Lebenswelt eine Abfolge in sich stimmiger Angebote. Nur dann ist gewährleistet, daß seine Bereitschaft, etwas tun zu wollen und das Verlangen nach entsprechenden Angeboten bis zur voll entfalteten Kompetenz führen kann.

Ein Beispiel möge zeigen, wie sich Kompetenzen entwickeln:

Stellen Sie sich ein Kind vor, das auf einen Spielplatz zugeht, auf dem bereits drei Kinder spielen. Wahrscheinlich fühlt es synkinetisch mit, was da gemacht wird. Der Mensch hat ja in besonderem Maße die Fähigkeit, das, was er sieht, in symbolhaft verkürzten Bewegungen nachzuvollziehen — man denke an die schönen Fotos von Fußballzuschauern, die mitgehen, während sie doch nicht mitgehen. Auch das Kind ist schon beim Zuschauen antizipierend dabei; es benutzt die bereits entwickelte Geselligkeitskompetenz. Mit Hilfe von Aktivität und Sprachvermögen prägt es diese jetzt weiter aus, indem es in das Spiel hineingeht und zwar so, daß es aufgenommen und das Dreier-Spiel zu einem Vierer-Spiel wird. Dann aber ist nicht nur seine Kompetenz angeregt und zur Entfaltung gekommen, zugleich hat es den Mitspielern eine Hilfe zur Entfaltung ihrer Kompetenzen geboten.

Die *Verwirklichung der Kompetenzen* hat damit noch eine unerwartete Folge: Der andere Mensch, der zur Realisierung nötig ist, kann sich zugleich als *„störender Faktor“* in die Verwirklichung der Kompetenzen eindrängen, denn jener bedarf ebenso des Partners, des Fremden, zur Realisierung der eigenen anthropologischen Dispositionen. Der „störende Faktor“ bewirkt nun weiteres. Indem das Kind den anderen Menschen dazu benutzt, die eigenen Kompetenzen zu entfalten, macht es ihn zum Gesellen, d. h. steigert dessen Erwartungen, die wieder auf es selbst zurückwirken, ohne daß es sich dessen erwehren kann. Diese Veränderung und Steigerung gegenseitiger Ansprüche führt bis zu dem, was ich „Verhedderung in Mitmenschlichkeit“ nennen möchte — zu einem neuartigen sozialen Verhältnis, an das bei dem Drang zur Entwicklung der Kompetenzen ursprünglich nicht gedacht wurde.

Das alles erlebt bereits das Kleinstkind, wenn es auf ein anderes Wesen trifft, das auch mit einem dicken Kopf durch die Gegend kriecht, und sich ihm nicht nur als williges Objekt anbietet, sondern aus eigenem Willen das andere ebenfalls als Objekt sucht.

Dabei ergeben sich Erlebnisse von notwendiger und überflüssiger *Disparität gegenseitiger Erwartungen*. Disparität meint hier nichts anderes als Disproportionalität, also Ungleichgewichtigkeit von Erwartungen. In diesem Erleben von Disparität lernt das Kind, Anpassungs- und Widerstandsstrategien zu entwickeln. Offen bleibt dabei das erzieherische Problem, wie sich solche Lernprozesse auf die Gesamtentwicklung des Kindes förderlich und nicht störend auswirken, wie also die (kollektive) Konfliktfähigkeit erreicht werden kann. Damit ist bereits die Rollenproblematik angesprochen.

## 2. Wie kommt ein Kind zu kritischem Rollenbewußtsein?

Rollen sind — zuerst einmal — auf den Erwachsenen-Status bezogen. In traditionellen Verhältnissen verfestigt sich in ihnen der gesellschaftliche Status quo durch Akzeptieren von Rollen innerhalb bestimmter Niveaus, durch Unfähigkeit, Rollen auf anderem als dem selbst gelernten und akzeptierten Niveau weiterzugeben, durch tatsächliche Verpflichtung der Kinder auf bestimmte hierarchisch orientierte Rollen.

Auch abgesehen von den kulturspezifischen Bedingungen ist der Erwachsene dem Kind gegenüber immer ein Riese an Macht, Inhaber also einer *„Machtrolle“*, d. h. einer Rolle, von der her Erwartungen bestimmt werden.

Dies müssen wir uns immer wieder vor Augen halten — ungeachtet dessen, ob wir autoritär oder liberal erziehen.
Unsere noch so große Liberalität verringert unsere Handschuhnummer nicht; unsere Überlegenheit ist uns schon durch Körpergröße, Stimmstärke, Mimik, Diktion unausweichlich auferlegt. Wie leicht und wie nebenbei sprechen wir über den Kopf von Kindern zu anderen Erwachsenen! Wie man sich also dreht und wendet: Wir haben Machtrollen gegenüber dem Kind.
Nach den gängigen Definitionen ist „Rollenverhalten" ein Verhalten, das durch die Erwartungen anderer bestimmt ist. In diesem Sinne geraten Kinder mit der Entfaltung ihrer Kompetenzen in Rollenfelder, in denen der konfliktträchtige „störende Faktor" auftritt, der aus den auf einen gerichteten Erwartungen der beanspruchten anderen resultiert. Andererseits befindet sich das Kind im Verhältnis zu den Erwachsenen in einer existentiellen Rolle, nämlich der Unterworfenheit.
Meint also „Rolle", daß jeder Rollenträger, also Rollenausführende, auch Erwartungsheger sein darf, so kann das Kind an diesem Rollenhandel nur bedingt teilnehmen: Die Erwartungen des Kindes an den Erwachsenen sind stets von seiner Schwäche bestimmt, selbst wenn sie in sehr glücklichen Fällen aus der Einsicht in Prinzipien abgeleitet sind. Diese Feststellung bedarf einer maßgeblichen Einschränkung.
Der Sozialisationsprozeß verläuft in der Regel deshalb erfolgreich, weil nicht nur das Kind den Erwartungen der Erwachsenen Folge leisten muß, sondern weil auch die Erwachsenen den Erwartungen der Kinder in weitem Umfang entsprechen (dies ist als Verpflichtung in unserer Gesellschaft zum Teil juristisch kodifiziert): Die Erwachsenen stellen für das Kind *künstliche Klimata* her, die die Realität gegen das Kind so weit abschirmen, daß es die Realität ertragen und im Interesse seiner Kompetenzen nutzen kann. Mit der physischen Reifung des Kindes, seiner kognitiven und emotionalen Entwicklung und dem damit steigenden Anspruchsniveau — insgesamt also mit dem wachsenden Leistungsvermögen des Kindes — müssen diese künstlichen Klimata schrittweise der Realität angenähert werden. Insofern ist die Machtrolle des Erwachsenen — als existentielle für das Kind — eine Verantwortungsrolle.
Auch für die Vermittlung von freiem, kritischem Rollenspiel trägt der Erwachsene die Verantwortung, obwohl ihm seine nicht wegdiskutierbare Machtrolle entscheidende Schwierigkeiten bereitet. Der für das Kind wirklich angemessene Rollenpartner müßte nämlich sowohl gleichwertig wie auch „erwachsen" (d. h. kritisch) sein. Ist er nur gleichwertig (wie es beim Spiel von Kindern untereinander sein kann), so mögen Kinder un-

tereinander einen auf Gegenseitigkeit beruhenden Anspruch auf Erfüllung von Rollenerwartungen entwickeln. Aber auch in diesem Spiel kann es geschehen, daß bereits erlebte und verinnerlichte Überansprüche durchgesetzt und hingenommen werden. Indes hindert ein wirklich gleichwertiges Spiel wiederum die Einsicht in die Rollendifferenziertheit der gesellschaftlichen Realität. In sie muß der Erwachsene also doch einführen, sonst bleiben Problembewußtsein und Verhaltensfähigkeit der Kinder unter dem Niveau, d. h. unter der Härte der Realität. Erst durch eine solche Vermittlung lernt das Kind zu erkennen, welche Erwartungen mit welcher Legitimität an es gerichtet werden, welche Erwartungen es selbst mit welcher Legitimität an andere richten kann, und welche Fertigkeiten zur Erfüllung von Erwartungen nötig sind. Erst das Zusammenfallen von Erfahrungen aus der Peer-group und aus dem Kontakt mit Erwachsenen gibt dem Kind die Chance, sich in Richtung auf die *„kommunikative Kompetenz“* (Habermas)[1] zu entwickeln.

Dieses kindliche Lernen bemißt sich auch heute noch nach einer Realität hierarchisch geschichteter Rollen, die zu ihrer Ausübung einer je bestimmten Erziehung bedürfen. Rollentheorie und Sozialisationstheorie sind also untrennbar miteinander verbunden: In der Regel ist — definitionsgemäß — der Anleitende gerade beim Theaterspiel mit Kindern aus Unterschichten nicht nur als Erwachsener, sondern auch schichtmäßig überlegen! Er wird die sonstigen Umwelteinflüsse des Kindes nicht voll kompensieren können.

### 3. Zur Frage des Unter- und des Überanspruchs

Ein in diesem Sinne angeleitetes Rollenhandeln würde dem Kind die sozialen und psychischen Techniken vermitteln, die es braucht, um seine Ansprüche angemessen durchzusetzen, d. h. nicht im *Unteranspruch* zu verbleiben. Damit könnte die Gefahr gebannt werden, daß der einzelne sich zwingt, seine Ansprüche innerlich abzuwürgen, und es ihm nicht gelingt, sie offen in die Gesellschaft einzubringen (nicht abgebaute Hemmungen stabilisieren die Verhältnisse).

Angesichts des materiellen Niveaus unserer Gesellschaft bleibt die Gefahr des *Überanspruchs* allgemein bestehen. Die feine Linie zwischen Notwendigem und Überflüssigem ist selbst für Erwachsene nur schwer zu bestim-

[1] *Habermas, J.:* Toward Theory of Communication Competence. In: Dreitzel, H. P.: Patterns of Communicative Behavior, Recent Sociology No. 2, London: Mc Millan 1970, S. 114—150

men; noch schwieriger ist es, sie dem Kind didaktisch und pädagogisch geschickt zu vermitteln, obwohl es aufgrund seiner geringen Realitätspraxis geradezu danach verlangt, daß ihm die notwendige Restriktion seiner Ansprüche glaubhaft legitimiert wird, eine Restriktion, die wiederum als klassenspezifisch nicht zu legitimieren ist.
Hier sehe ich eine der heikelsten Fragen eines sich progressiv verstehenden Kindertheaters, das die Möglichkeiten eines unterprivilegierten Kindes, in der Gesellschaft durchzubrechen, nicht überschätzt: Wie bekommt man Kinder dazu, sich so auszusteuern, daß sie eine hohe Innovationstendenz (eine Tendenz, etwas zu verändern) mit einer bleibenden hohen Frustrationstoleranz verbinden?

Lothar Krappmann

# Lernen durch Rollenspiel

## 1. Lernen als Gegenstand der Lernpsychologie

Obwohl der Arbeitsbereich „Lernpsychologie“ aufgrund zahlreicher theoretischer Studien und intensiver empirischer Forschung fast ein Renommierstück für die wissenschaftliche Leistung der Psychologie als Disziplin darstellt, würden viele Nicht-Psychologen den Kopf schütteln, wenn sie erführen, welche Fragestellungen die Psychologen untersucht haben, wie sie dabei vorgegangen sind und welche Ergebnisse zutagegefördert wurden. Die Psychologen widmen sich — wie es scheint — recht belanglosen Fähigkeiten wie etwa der, die Eigenschaften von Objekten zu unterscheiden, sie erforschen die Verknüpfung irgendwelcher Reize und Reaktionen, sie untersuchen, wie verschieden Situationen voneinander sein dürfen, um noch gleiche Antwortmuster hervorzurufen oder gehen dem Wechsel von Bezugssystemen für Antworten nach. Der Eindruck der Lebensfremdheit dieser wissenschaftlichen Bemühungen wird noch verstärkt, wenn man hört, wie die Lernexperimente aussehen, denn offenbar werden vor allem Lichtsignale und Summtöne sowie artifizielle Apparate und geometrische Gegenstände verschiedener Form, Größe und Farbe benutzt. Die Versuchspersonen müssen sinnlose Silben oder willkürlich zusammengestellte Wortpaare auswendig hersagen, Klötzchen oder Karten ordnen und andere ihnen nichts bedeutende Aufgaben unter verschiedenen Bedingungen lösen. Mit dem Lernen von Kindern, wie es in der Familie oder in der Schule zu beobachten ist, scheint dies alles sehr wenig zu tun zu haben. Wer nimmt da nicht fast mit Genugtuung zur Kenntnis, daß die Ergebnisse all dieser Forschungen in vielen Punkten noch recht widersprüchlich sind.

Völlig gerechtfertigt ist dieses Kopfschütteln allerdings dennoch nicht, denn die geschilderte Art von Untersuchungen entstand aus dem Bestreben, wenigstens Teilstücke der Lernprozesse präzis zu erfassen. Auf die dabei erzielten Ergebnisse wird niemand verzichten wollen[1]. Dennoch sind die Lernpsychologen selbst ebenfalls mit dem Stand der Lernfor-

---

[1] Vgl. die Auswertung der lernpsychologischen Forschung, die *H. Roth* für die Pädagogik vorgenommen hat: Pädagogische Anthropologie, Bd. 2, Hannover: Schroedel 1971, S. 115—153

schung unzufrieden. So kommt auch H. W. Stevensons jüngst erschienener, zusammenfassender Artikel über die Lernforschung bei Kindern zu dem Resultat: „Man muß fairerweise zugeben, daß keine Theorie den Angriff der aufgehäuften Daten überstanden hat. Von verschiedenen theoretischen Positionen aus ist es möglich, mit einem kleinen Teil der Daten umzugehen, aber keine vermag einen wesentlichen Komplex der Ergebnisse handzuhaben ... Neue Ansätze zur Konstruktion von Theorien sind nötig."[2]

Stevenson nennt einige Forderungen, die künftige Theorien über das Lernen der Kinder zu berücksichtigen hätten. So betont er, daß die soziale Umwelt, in der das Kind lebt, als Teil des Lernvorganges begriffen werden müsse. Vor allem die kleinen Kinder seien beim Lernen weitgehend von den Eigenschaften der Situation abhängig. Die Charakteristika der Situation und das Verhalten anderer Personen in ihr üben einen stärkeren Einfluß aus als verbale Äußerungen und Anweisungen, mit denen Erwachsene zumeist das Verhalten von Kindern zu verändern versuchen[3].

Diese Postulate treffen sich mit Ergebnissen, die in der Sozialisationsforschung zur Entstehung der Lernfähigkeit bei Kindern in den ersten Lebensjahren erarbeitet wurden. Kurz zusammengefaßt lauten die Resultate der Untersuchungen: Die Problemlösungsfähigkeiten des Kindes kopieren die Konfliktbewältigungsstrategien des sozialen Systems, in dem das Kind aufwächst. Im Regelfall ist das nach wie vor die Familie. Zwei — zugegebenermaßen etwas simplifizierende — Beispiele können diese Aussage vielleicht noch ein wenig deutlicher machen. Kinder aus Familien, in denen Meinungsverschiedenheiten zwischen den Eltern um des vermeintlichen Familienfriedens willen nicht ausgesprochen werden dürfen, werden generell dazu tendieren, in problematischen Situationen divergierende Erwartungen nicht wahrzunehmen. Oder: Kinder aus Familien, in denen die Aufgabenbereiche der Ehepartner durch rigide Definitionen ein für allemal voneinander abgegrenzt werden, werden ganz allgemein dazu neigen, ohne Rücksicht auf sonstige Erwartungen die im Augenblick angeblich geltenden Normen strikt zu erfüllen und nicht so zu interpretieren, daß sie sich auch mit den Anforderungen in anderen sozialen Beziehungen vereinbaren lassen.

---

[2] *Stevenson, H. W.:* Learning in Children. In: Mussen, P. H. (Hrsg.): Carmichael's Manual of Child Psychology, Vol. 1, New York: Wiley 1970, S. 849—938 (Zitat S. 918)

[3] A. a. O., S. 919

## 2. Der Beitrag der traditionellen Rollentheorie

Bei dem Versuch, die Eigenschaften des sozialen Familiensystems, das die Verhaltensweisen der Kinder determiniert, präziser zu beschreiben, bietet sich als analytische Kategorie das Konzept der Rolle an[4]. Daß dieser Begriff der Umgangssprache entstammt, erweist sich als Stärke und Schwäche zugleich; denn einerseits hat jeder sehr schnell den Eindruck, er wisse, was gemeint ist, andererseits fällt es unter dieser Voraussetzung schwer, den notwendigen, aber etwas umständlich anmutenden Ausführungen zu folgen, die die Schärfe des Begriffs als Instrument bündiger Erklärung sichern sollen.

Um noch einmal zu wiederholen, was mit dem Rollenkonzept gemeint ist: Die Rollentheorie geht davon aus, daß es für den Zusammenhalt einer Gesellschaft und für ihren Fortbestand nötig ist, die Kooperation innerhalb und zwischen verschiedenen Gruppen ihrer Mitglieder zu sichern. Mit Blick auf die gegenwärtigen Gesellschaftssysteme muß man wohl hinzufügen, daß es auch Interessen bestimmter Gruppen gibt, das gegenseitige Verstehen zwischen sozialen Gruppen zu verhindern. Beides — sowohl erfolgreiche Kooperation als auch gegenseitiges Unverständnis — wird mit Hilfe derselben Mechanismen erreicht.

Die Rollentheorie weist nämlich darauf hin, daß Menschen nur dann erfolgreich miteinander kommunizieren und kooperieren können, wenn sie zu einer gemeinsamen Interpretation der Situation, in der sie einander begegnen, und zu einer zutreffenden Einschätzung ihrer gegenseitigen Erwartungen gelangen können. Gelingt es ihnen nicht, sich auf ein von den Partnern anerkanntes Bezugssystem zu einigen, wird die Interaktion gefährdet. Unsere Alltagserfahrungen sprechen für diese Auffassung. Denn wir haben im Regelfall weder die Gelegenheit noch das Bedürfnis, einem Gegenüber ausführlich unsere subjektiven Intentionen zu erläutern. Ohne daß es uns bewußt wird, steuern wir unser Handeln, orientiert an allge-

---

[4] Zur Ausarbeitung dieses Konzepts haben verschiedene sozialwissenschaftliche Schulen beigetragen: die Kulturanthropologie im Anschluß an *R. Linton:* The Study of Man, New York: Appleton-Century 1936; der strukturelle Funktionalismus mit *T. Parsons:* The Social System, 1951, versch. Ausgaben z. B. als Paperback bei Free Press of Glencoe, Ill., 1964; der Interaktionismus seit *G. H. Mead:* Mind, Self, and Society (1934). 13. Aufl., Chicago: Univ. of Chicago Press 1965; und die soziometrisch orientierte Sozialpsychologie in der Nachfolge *J. L. Morenos:* Who Shall Survive? (1934), dt. unter dem Titel: Die Grundlagen der Soziometrie, Köln und Opladen: Westdeutscher Verlag 1954

mein geteilten, sozial vorgeformten Erwartungen. Aber sogar in unseren Freundschafts- und Liebesbeziehungen erleben wir, daß wir uns selbst dann an eine öffentliche Sprache gemeinsamer Symbole anlehnen, wenn wir unsere persönlichen Wünsche und Bedürfnisse erklären wollen.
Um die für das Überleben einer Gesellschaft wichtigen Vorbedingungen sozialer Interaktion zu sichern, haben betroffene Gruppen Bündel von Verhaltensnormen an die Positionen geheftet, in denen im arbeitsteiligen Gesellschaftssystem wichtige Aufgaben zuverlässig ausgeführt werden müssen. Die Rollentheorie nennt diese Verhaltenserwartungen Rollennormen.
Die Vorstellung der konventionellen Rollentheorie — wie sie uns etwa in Dahrendorfs „Homo Sociologicus" entgegentritt[5] — läuft darauf hinaus, daß die Menschen desto problemloser kooperieren können, je eindeutiger diese Rollennormen formuliert wurden und je strikter sich die Inhaber der Rollen an sie halten. Der — wohl nach Meinung aller Vertreter dieser Rollentheorie unerreichbare — Idealzustand erfolgreicher Interaktion wäre also dadurch gekennzeichnet, daß alle Rollennormen exakt und widerspruchsfrei definiert wurden: d. h., alle Mitglieder eines sozialen Systems kennen diese Normen und befolgen sie, weil ihre Bedürfnisse in den Sozialisationsprozessen, die sie durchlaufen müssen, genau den Erwartungen entsprechend geformt wurden. Tatsächlich halten sich nun allerdings viele Menschen nicht vollständig an die vorgegebenen Rollennormen. Sie mobilisieren damit Instanzen, die über die Einhaltung der Normen wachen. Je nachdem wie schwerwiegend die Verletzung der Norm betrachtet wird, ziehen sie sich Sanktionen zu. Diese reichen vom Ausschluß aus der Gesellschaft durch Tod, Verbannung oder Mißachtung bis zu leichtesten Formen gesellschaftlicher Mißbilligung. Jede noch so geringe Abweichung von den Rollennormen stellt jedoch aus der Perspektive dieser Rollentheorie bereits einen Ansatz dar, der die Legitimation des bestehenden sozialen Systems infragestellt. Dabei kann vom theoretischen Ansatz her nicht unterschieden werden, ob diese Nonkonformität sozialpathologisch-destruktive Gründe hat oder ob sie die Durchsetzung eines besseren gesellschaftlichen Organisationsprinzips verfolgt.
Was hat diese herkömmliche Rollentheorie mit Problemen des Lernens zu tun? Es muß nach ihrer Ansicht gewährleistet sein, daß die Mitglieder der Gesellschaft Gelegenheit haben, die Erwartungen, die sie erfüllen sollen, zu erlernen. Dafür sind systemkonforme Sozialisationsagenturen nötig. Die

---

[5] *Dahrendorf, R.:* Homo Sociologicus, 5. Aufl., Köln und Opladen: Westdeutscher Verlag 1965

Lösungsstrategien für eventuelle Rollenkonflikte sind schnell aufgezählt: Wenn die Erwartungen widersprüchlich sind, ist es das Beste, die Anforderungen auf nach Zeit und Ort verschiedene Situationen zu verteilen und getrennt zu erfüllen, oder sich überhaupt für eine der Anforderungen zu entscheiden, und zwar für diejenige, die die höchste Autorität für sich in Anspruch nehmen kann.
In einigen Fällen — so gibt auch die konventionelle Rollentheorie zu — ist ein Kompromiß zwischen den verschiedenen Erwartungen möglich. Das wird aber mehr als letzter Ausweg betrachtet, der sich vor allem dort anbietet, wo die Erwartungen ohnehin wenig eindeutig sind und keine strengen Sanktionen drohen. Die damit eingeräumte Möglichkeit flexiblen Rollenverhaltens kann jedoch zum Ausgangspunkt einer Kette von Überlegungen gemacht werden, die dazu führen, die genannten Grundannahmen der herkömmlichen Rollentheorie weitgehend umzuformulieren. Dieses revidierte Modell sozialen Handelns erlaubt, Lernvorgänge sehr viel umfassender mit dem Rollenspiel der Menschen zu verknüpfen, als es von der konventionellen Rollentheorie her möglich erscheint.

### 3. Der revidierte Rollenbegriff — Lernen von Interaktion

Das revidierte Modell geht erstens davon aus, daß infolge der Vielfalt von Positionen der Gesellschaft grundsätzlich wenig eindeutige, vielleicht sogar widersprüchliche Erwartungen an die Rolleninhaber gerichtet werden, und zweitens, daß wegen der Verschiedenheit der Motivationsstrukturen im Regelfall die besonderen Bedürfnisse des einzelnen nicht voll befriedigt werden können.
Die Lösung des Problems, soziale Interaktion zu sichern, kann dann nicht lauten, vorgegebene Normen zu lernen und sich an ihnen bis in die Triebstrukturen hinein auszurichten. Die Rollenspieler werden vielmehr mit der Aufgabe konfrontiert, mehr oder weniger unklare, soziale Erwartungen aufzugreifen, um anhand des in der Gesellschaft angebotenen Repertoires von Deutungsmöglichkeiten ihre Intentionen und die ihrer Interaktionspartner zu verdeutlichen und sich auf ein gemeinsames „vernünftiges" Verständnis zu einigen. „Vernünftig" wäre der Handlungskonsens, der allen Beteiligten unter Ausnutzung des gesellschaftlichen Spielraums für legitimierbare Interpretationen langfristig ein Höchstmaß an Bedürfnisbefriedigung garantiert. Dabei bestimmt jede neue Interpretation der Rolle diesen Spielraum selbst mit, denn sie erweitert oder verringert das Angebot durchsetzbarer Deutungen. Es braucht kaum besonders betont zu werden, daß zahlreiche Interpretationsversuche unter den jeweils herrschenden gesell-

schaftlichen Verhältnissen nicht durchgesetzt werden können. Daher reiben sich nicht wenige Menschen daran auf, einem Rollenverständnis Anerkennung zu verschaffen, das ihnen erlauben würde, diejenigen Bedürfnisse in Interaktionen miteinzubringen, die gerade ihnen aufgrund besonderer sozial vermittelter Erfahrungen eingeprägt wurden[6].

Was muß man gelernt haben, um in dem soeben geschilderten Modell sozialen Handelns erfolgreich mit anderen kommunizieren und interagieren zu können? Die Antwort lautet — vielleicht etwas überpointiert: Während es im zunächst geschilderten konventionellen Rollenmodell in erster Linie darauf ankam, die vorgegebenen Normen erlernt und als Bedürfnisdispositionen internalisiert zu haben, ist es im revidierten Modell des Rollenhandelns vordringlich, das Lernen gelernt zu haben und damit die Voraussetzungen zur Änderung des Verhaltens aufgrund neuer Interaktionserfahrungen zu besitzen. Gewiß ist auch wichtig, daß jeder Inhaber einer Rolle Kenntnis von den ihm mit seiner Rolle zur Verfügung gestellten Interpretationen hat, denn anders kann er nicht an die Erwartungen der Rollenpartner anknüpfen. Aber es kommt eine Reihe weiterer Qualifikationen hinzu, die die Handlungsvoraussetzungen in einem Rollensystem mit teils unklaren, teils sich widersprechenden Erwartungen vervollständigen.

Zu diesen Fähigkeiten, die Systemeigenschaften innerpsychisch zu reproduzieren, zählt als erstes, daß der Rolleninhaber in der Lage sein muß zu prüfen, welche Formen des Verhaltens sich angesichts der jeweiligen Interaktionsbedingungen noch mit den gängigen Interpretationsmustern vereinbaren lassen. Diese Fähigkeiten bezeichnen die Psychologen als „Empathie"[7]. Das eine Rolle übernehmende Individuum muß sodann seine besondere Rolleninterpretation im Rahmen eines gemeinsamen Symbolverständnisses für jede Interaktionssituation angemessen darstellen können. Diese Fähigkeit meint J. Habermas, wenn er von „kommunikativer Kompetenz" spricht[8]. Ferner sollte das Individuum früher übernommene Normen und eine einmal erzielte Einigung über Handlungsziele wieder in Frage stellen

---

[6] Ausführlicher behandelt die Revision des konventionellen Rollenmodells *L. Krappmann:* Soziologische Dimensionen der Identität, Stuttgart: Klett 1971, insb. Kap. 3 „Identität und Rolle"

[7] Dazu z. B. *Turner, R. H.:* Role-Taking: Process versus Conformity. In: Rose, A. M. (Hrsg.): Human Behavior and Social Process, London: Routledge & Kegan Paul 1962, S. 20—40

[8] *Habermas, J.:* Toward a Theory of Communicative Competence. In: Dreitzel, H. P. (Hrsg.): Patterns of Communicative Behavior, Recent Sociology No. 2, London: MacMillan 1970, S. 114—150

können, wenn sich die Situation verändert. Diese Fähigkeit fällt unter das von E. Goffman in die Diskussion gebrachte Konzept der „Rollendistanz“[9]. Außerdem muß das Individuum imstande sein, divergierende Erwartungen und Bedürfnisse zu tolerieren, um sie bei Konfliktlösungsversuchen berücksichtigen zu können. Diese Fähigkeit greift auf, was seit E. Frenkel-Brunswik in vielen psychologischen Arbeiten als „Ambiguitätstoleranz“ untersucht wurde[10].

Diese Grundqualifikationen wurden bislang nur im Hinblick auf ihren Beitrag zur Erhaltung von Interaktionen erläutert. Sie sind aber zugleich auch Bestandteile der elementaren Lernfähigkeit, die in den Blick gerät, wenn die Voraussetzungen für kognitive Leistungen geklärt werden sollen. Auch hier geht es um differenzierende Unterscheidungen im Problemfeld; um ein hierarchisch gegliedertes Kategoriensystem, das Sachverhalte einzuordnen und Erfahrungen mit Lösungen auszutauschen erlaubt; um flexiblen Umgang mit empfohlenen Problemlösungstechniken und um Widerstand gegen voreilige kognitive Konvergenz.

Die Genese der Lernfähigkeit im Kontext der Systemprobleme sozialer Interaktion herauszuarbeiten, hilft zugleich zu begreifen, daß Motivation das Lernverhalten innerlich strukturiert und nicht gleichsam von außen dem Lernvorgang ein Ziel setzt. Um ein Beispiel anzuführen: Das Kind signalisiert nicht um einer äußeren Belohnung willen der Mutter, daß sein jetziges Schmusen mit dem Vater nicht im Widerspruch zur Mutterbeziehung steht, sondern es appelliert deshalb an das Gesamtsystem sozialer Beziehungen in der Familie, weil allein aus ihm die einzelnen Handlungen ihren Sinn beziehen. Dadurch daß Handlungen sich in einen Sinnzusammenhang einfügen, konstituiert sich Motivation. Solange die Mitglieder aus diesem Zusammenhang nicht herausfallen, sichert die Teilnahme an diesem sozialen System auch die notwendige affektive Unterstützung für ihre eigene Identität.

Im einzelnen wäre ferner nachzuweisen, wie die Bewältigung der krisenhaften Interaktionssituation in der ödipalen Phase generalisierte Verhaltenserwartungen in der Form eines Ich-Ideals und selbstgesetzte Gütekriterien erzeugt. Diese sind für das Leistungsstreben ausschlaggebender als die mittelschichttypischen Mahnungen der Eltern, sich doch durch ungenügende

[9] *Goffman, E.:* Role Distance. In: *Goffman, E.:* Encounters, 3. Aufl., Indianapolis: Bobbs-Merrill 1966, S. 83—152

[10] *Frenkel-Brunswik, E.:* Intolerance of Ambiguity as an Emotional and Perceptual Personality Variable. In: Journal of Personality 18 (1949/50), S. 108—143

Anstrengungen und schlechte Leistungen in der Schule nicht spätere Berufschancen zu verscherzen.
Die geschilderten Qualifikationen des Individuums als Voraussetzung für erfolgreiche Interaktion in Rollen entsprechen dem, was in der Psychoanalyse immer wieder als „autonome Ich-Organisation" bezeichnet wurde. Dieses Konzept ist umstritten, weil es in den Verdacht geriet, das bildungsbürgerliche Ideal der in Einsamkeit und Freiheit entfalteten Individualität zu kultivieren. Genau das aber ist nicht gemeint. Diese Ich-Leistung wird nämlich nicht aus Programmen des humanistischen Idealismus über die Erziehung der „wahren Persönlichkeit" abgeleitet und auch nicht aus Dahrendorfs Menschenbild, in dem der Musilsche „zehnte Charakter" herhalten muß, damit das Individuum Widerstand gegen die „ärgerliche Tatsache der Gesellschaft" leisten kann[11]. Es geht vielmehr um eine soziologische Begründung für die Handlungsfähigkeit des Individuums in einem sozialen System. Dieses Konzept von Handlungsfähigkeit soll einschließen, daß das Individuum sich kritisch gegen die Gesellschaft wenden kann, der es mit seinen Fähigkeiten entstammt. Man kann das Problem auch so ausdrücken: Welche Strukturbedingungen für das Zustandekommen sozialer Interaktionen sorgen zugleich dafür, daß das Individuum sich zu angesonnenen Erwartungen in Gegensatz zu setzen vermag, obwohl es gerade durch die Verinnerlichung der Erwartungen der anderen zum Mitglied seiner Gesellschaft wurde? Die „autonome Ich-Organisation" entsteht nämlich weder durch „Eingebung von oben" noch „von unten", also aus dem Dunkel der Phylogenese im psychoanalytischen Es, sondern durch die Beteiligung des Individuums an einer bestimmten Art sozialer Interaktion, und zwar an Interaktion, in der die Beteiligten sich in einer Situation vorfinden, die von ihnen verlangt, sich über Normen, die sie gelten lassen wollen, und das einander zugestandene Maß an gegenseitiger Bedürfnisbefriedigung zu verständigen. Die „autonome Ich-Organisation" ist folglich nichts anderes als eine innerpsychische Reproduktion von Eigenschaften des sozialen Systems, dessen Mitglied der Mensch ist. Oder anders herum: Falls es ein soziales System gibt, das keine Abweichungen von herrschenden Interpretationen der Normen zuläßt und die Äußerung individueller Bedürfnisse untersagt, gibt es in ihm auch keine „autonome Ich-Organisation".
Allerdings wird das Individuum im Regelfall, wenn es in seinen verschiedenen Rollen agiert, unterschiedliche Möglichkeiten angeboten erhalten, Normen zu verändern und Bedürfnisbefriedigung zu suchen. Die Entwick-

---

11 Vgl. *Dahrendorf, R.:* A. a. O., S. 62 ff.

lung der Grundqualifikationen sozialen Handelns ist davon geprägt, ob das aufwachsende Individuum bereits in früher Kindheit in Situationen geriet, in denen aufgrund divergierender Erwartungen Handlungskonsens immer wieder neu hergestellt werden mußte[12]. War das nie oder nur selten der Fall, wird das Individuum später in Schwierigkeiten geraten, wenn es einmal keine Klarheit über Normen und ihre Interpretationen gibt. Entweder wird es sich dann an gar nicht verbindliche, rigide Normen klammern, weil die Auflösung von Normen nur als Unsicherheit interpretiert werden kann, oder es erkennt im Gegensatz dazu nun überhaupt keine Erwartungen mehr an, weil es gewohnt war, nur unter autoritärer Kontrolle die Bedürfnisse der anderen zu berücksichtigen. Dies sind nur Beispiele für mehr oder weniger gravierende sozialpathologische Verhaltensweisen, die auftreten können, wenn Sozialisationsbedingungen und Interaktionschancen weitgehend übereinstimmen.

## 4. Interaktionsmuster im Rollensystem der Familie

Tatsächlich ist allerdings fast immer recht gut gesichert, daß die psychische Ausstattung des Individuums und die ihm angebotenen Handlungschancen konform gehen. Das wird durch die Sozialisation des Kindes geleistet, wie sie nach wie vor überwiegend in der Familie stattfindet. Die Art der sozialen Interaktion im Rollensystem der Familie, in der ersten prägenden Umwelt, in die das Kind gerät, wird durch die sozialen Verhältnisse, in denen die Familie lebt, weitgehend bestimmt. Diese sozialen Verhältnisse äußern sich zum einen in dem Anteil an materiellen Gütern, der der Familie als Lebensgrundlage zur Verfügung gestellt wird, zum anderen in den besonderen Kommunikations- und Interaktionsmustern, die die möglichen Formen sozialer Beziehungen festlegen, und in den spezifischen Deutungen, die den Familienmitgliedern angeboten werden, damit sie ihre Rollen innerhalb und außerhalb der Familie richtig, d. h. sozial akzeptiert, spielen.
Zwei Familientypen, die sich durch die Auswirkungen der genannten sozialen Faktoren bilden, können einander gegenübergestellt werden: Eine

[12] Die Überlegungen zur Vermittlung der Grundqualifikationen des sozialen Handelns durch die Teilnahme des Kindes an Interaktion in der Familie stammen aus den Diskussionen in unserer Projektgruppe am Max-Planck-Institut für Bildungsforschung. Vgl. *Oevermann, U.; Krappmann, L.; Kreppner, K.:* Projektplan: Elternhaus und Schule. Berlin: Hektogr. Manuskript 1968; und *Krappmann, L.:* Neuere Rollenkonzepte als Erklärungsmöglichkeit für Sozialisationsprozesse. In: betrifft: erziehung 4 (1971), S. 27—34

Familienstruktur, in der der materielle Dispositionsspielraum eng ist und das Verhalten von Vater, Mutter und Kindern tradierten, eng definierten Rollenerwartungen folgt, und eine andere Familienstruktur, in der die materiellen Gegebenheiten weniger zu Einschränkungen zwingen und die gegenseitigen Rollenerwartungen je nach Situation und Bedürfnislage ermittelt werden können.

Es wird schnell deutlich, daß die aufwachsenden Kinder in diesen verschiedenen Familientypen in voneinander sehr verschiedene Konfliktlösungsstrategien eingeübt werden. Dort, wo rigide Rollendefinitionen herrschen, kommt es vor allem darauf an, die Normen zu befolgen. Nach Sinn und Nutzen des rollenkonformen Verhaltens wird nicht gefragt. Jeder hat mit dem Maß an Befriedigung der Bedürfnisse vorlieb zu nehmen, das in diesem starren Interaktionssystem für ihn eben abfällt. „Empathie" im Sinne von Einfühlungsvermögen in die Bedürfnisse der anderen ist nicht erforderlich, denn es liegt schon vorab fest, wer welche Ansprüche vorbringen darf. „Kommunikative Kompetenz" wird ebenfalls im Rahmen dieser Interaktionsstruktur nicht verlangt, denn individuelle Erfahrungen des einzelnen, die er anderen übermitteln müßte, werden nicht zugelassen. „Rollendistanz" kann nicht erworben werden, weil alles Handeln sich an stereotypen Rollennormen orientiert. Und auch „Ambiguitätstoleranz" findet keinen Raum in diesem Familiensystem, weil Widersprüche zwischen den Familienmitgliedern sowohl infolge der strikten Trennung der Aufgabenbereiche für Mann und Frau als auch aufgrund des Einigkeitsmythos, der die ritualisierte Leere der zwischenmenschlichen Beziehungen überspielen soll, unterdrückt werden.

Anders im zweiten Typ familialen Zusammenlebens: Hier kommunizieren und kooperieren die Familienmitglieder nicht in strikter Beachtung rigider Rollendefinitionen. Sie benutzen die sozialen Erwartungen vielmehr als Medium der Verständigung über gemeinsame Handlungsziele und prüfen dann je nach Situation neu, welche Verhaltensweisen angesichts der vorgegebenen Normen durchsetzbar sind, um allen Beteiligten ein Maximum an Bedürfnisbefriedigung zu gewähren. In diesem Rollensystem dienen „Empathie" und „kommunikative Kompetenz" zur Vermittlung der divergierenden Identitätsansprüche der Familienmitglieder. „Rollendistanz" bezeichnet die psychische Seite der Problemlösung: der Fortgang von Interaktion unter sich verändernden Systembedingungen wird dadurch flüssig gehalten, daß auch verinnerlichte Verhaltensmuster wieder der Reflexion erschlossen werden. „Ambiguitätstoleranz" hingegen ist das psychische Korrelat eines sozialen Systems, in dem die divergierenden Erwartungen der Beteiligten niemals voll zur Deckung gebracht werden können. Die in die-

sem Typ eines Familiensystems mögliche Artikulation besonderer Bedürfnisse ist eine Folge sozialer Beziehungen unter den Familienmitgliedern, in denen auf Machtmittel verzichtet wird und damit auf den Zwang, sich an normierenden Erwartungen auszurichten.
Die Sozialisationsforschung hat von der Psychoanalyse übernommen, daß gerade das Aufwachsen kleiner Kinder das Familiensystem mit einer Abfolge typischer Entwicklungsprobleme konfrontiert, die an die Wandlungsfähigkeit der Rollenstruktur innerhalb der Familie appellieren. Die gelungene oder mißlungene Bewältigung entwicklungsbedingter Interaktionskonflikte — zuerst bei der Auflösung der ursprünglichen Mutter-Kind-Einheit in der oralen Krise, später in Verbindung mit den Selbständigkeitsanforderungen bei der Sauberkeitserziehung in der analen Phase und schließlich angesichts der Probleme einer stabilen Geschlechtsrollenidentifikation in der ödipalen Phase — ist daran zu messen, ob das Kind als psychisches Resultat dieser Beziehungskrisen im Familiensystem soziale Handlungsfähigkeit im Sinne einer „autonomen Ich-Organisation" erworben hat.
Die meisten Familien, die wir kennen, nähern sich allerdings wohl mehr dem ersten der geschilderten Familientypen: Die eingespielte Verteilung von Aufgaben, die starre Gestalt der gegenseitigen Erwartungen sowie die sich immer und immer wiederholenden Formen der Konfliktverdrängung führen zu einer unbeweglichen Rollenstruktur, die dem Kind wenig Möglichkeiten einräumt, seine Interaktionsperspektive zu formulieren und seine eigenen Erwartungen in Freiräumen des Familiensystems zu verankern.
Woran liegt es nun, daß Störungen in der Kommunikation und fehlende Wechselseitigkeit in den Rollenbeziehungen vieler Familien aufzufinden sind? Die Gründe sind in verschiedener Richtung zu suchen. Erster Ursachenkomplex: Sehr oft sind strikte Trennung der Aufgabenbereiche und rigide Rollenerwartungen das Abbild stereotyper Geschlechtsrollendefinitionen, wie sie im umgebenden sozialen Milieu festgelegt wurden. Divergierende Verhaltensanforderungen von Vater und Mutter an die Kinder werden nicht aufgedeckt, weil die „Zuständigkeiten" und „Kompetenzen" klar geregelt sind. Auch Konflikte zwischen den Ehepartnern werden nicht ausgetragen, weil sich Mann und Frau in ihre Herkunftsfamilie oder in den Kreis ihrer Freunde (bzw. Freundinnen) flüchten und dort unbedingte affektive Unterstützung finden.
Zweite Erklärungsmöglichkeit: Weder in der autoritär strukturierten Arbeitssituation, wo nur Einordnung verlangt wird, noch im sich abkapselnden Familien- und Freundeskreis, wo vor allem gegenseitig Solidarität bestätigt wird, treten Interaktionsprobleme auf, die flexible Interpretation vorgegebener Erwartungen nötig machen.

Dritte Alternative: Falls die Ehepartner angebliche oder wirkliche psychische Störungen aufweisen, kann ein rigides Rollensystem errichtet werden, um die verunsicherten Verhaltensmuster wieder zu stabilisieren. Insbesondere die Entwicklungsprobleme des Kindes provozieren vielfach neue Ängste, die dadurch abgewehrt werden sollen, daß der Spielraum reflexiver Kommunikation noch weiter beschnitten wird.
Vierter Grund: Wenn ein dominantes Familienmitglied — sehr oft, aber nicht immer ein Erwachsener — die Regeln familialer Kommunikation und Interaktion diktiert, können die anderen Familienmitglieder ungestraft keine abweichenden Bedürfnisse anmelden. Es wird geradezu verboten, daß sich Diskrepanzen im Familiensystem zeigen, an denen sich die Flexibilität des Rollenspiels bewähren könnte.
Wie Untersuchungen belegen, treten die erstgenannten — eher als genuin soziologisch zu bezeichnenden — Ursachenkomplexe häufiger in den Unterschichten auf. Die beiden anderen Erklärungsalternativen — eher psychologisch anmutend, aber auch soziostrukturell induziert — haben ihren Platz überwiegend in der Lebenswelt der Mittelschichten[13]. Das bedeutet, daß in allen sozialen Milieus Faktoren wirksam sind, die die sozialen Voraussetzungen für flexibles Rollenspiel einschränken und damit die Ausprägung autonomer Handlungsfähigkeit in sozialen Systemen und der davon abhängigen elementaren Lernfähigkeit massiv behindern.

## 5. Kompensation durch Rollenspiel: Möglichkeiten und Grenzen

An dieser Stelle wird der Ruf nach kompensatorischer Erziehung laut. Wir müssen uns allerdings angesichts der vorgelegten Problemanalyse fragen, welche Bemühungen wohl wirklich Aussicht auf Erfolg haben könnten. Ist es überhaupt möglich, die verkümmerten Fähigkeiten von Kindern, die in einem Konflikte verdrängenden Elternhaus und in einem rigide Rollendefinitionen propagierenden sozialen Milieu aufwachsen, zu fördern, wenn man sie in Spiel und Theater an flexiblem Rollenhandeln und am Erfinden neuer Interpretationen für erstarrte Interaktionsrituale beteiligt?
Die Versuche, aufgrund von Rollenspielen das Verhalten zu verändern, liegen durchaus auf der Linie der geschilderten Resultate der Sozialfor-

[13] Zu diesen beiden Alternativen führen die Ergebnisse und Interpretationen bei *D. R. Miller* und *G. E. Swanson:* Inner Conflict and Defense, New York: Schocken Books 1966. Die Daten der Familienuntersuchungen in unserer Gesellschaft stellt *F. Neidhardt* zusammen: Die Familie in Deutschland, Opladen: Leske 1966 (= Beiträge zur Sozialkunde, Reihe B, Bd. 5)

schung, nach denen die Fähigkeit zu lernen in sozialer Interaktion entsteht. Insofern stehen sie in einem nicht zu übersehenden Gegensatz zu den heute weitverbreiteten, an der behavioristischen Lerntheorie orientierten Vorschulprogrammen wie etwa denen von C. Bereiter sowie Th. und S. Engelmann[14]. Diese gehen wieder von der bekannten Lehrsituation aus, die durch die übliche mehr oder weniger autoritäre Lehrer-Schüler-Rollenbeziehung charakterisiert ist, um deprivierten Kindern das Zählen, Fragestellen, Formenunterscheiden usw. beizubringen. An die Veränderung kognitiver Stile wie „Abhängigkeit versus Unabhängigkeit von dem vorgegebenen Problemfeld" oder „Impulsivität versus Reflexivität bei der Problemlösung" und an die praktische Erprobung neuer Situationsinterpretationen kommt man auf diesem Wege schwerlich heran, denn die Lehrsituation selber, die in neue Interaktionsformen einüben könnte, wird nicht als Anregungspotential ausgenutzt und bleibt steril. Da sind die Chancen für ein Programm, das gerade vom Rollenspiel ausgeht, sicher günstiger. Wie aber ist zu gewährleisten, daß das neue Verhalten in einem Kontext hervorgerufen wird, der für das Individuum eine über den Augenblick hinausreichende Relevanz hat? Wenn wir auch die positiven Erfahrungen, die von Lehrern und Theatergruppen immer wieder berichtet werden, nicht unterschätzen wollen, so scheint doch Skepsis angebracht, ob es nicht vor allem die ohnehin psychisch besser verfaßten Kinder sind, die am meisten profitieren, und ob es nicht sehr vorläufige, an die Spiel- und Theatersituation gebundene Verhaltensänderungen sind, die das positive Urteil begründen. Es ist einfach kaum vorstellbar, daß eine psychische Struktur, die in den vorangegangenen Abschnitten als Sediment überwältigender Interaktionserfahrungen während der formbarsten Perioden des Lebens nachgewiesen wurde, durch einige noch so klug erdachte Rollenspiele umgewandelt werden könnte.

Daß einige Kinder plötzlich einen viel aufgeweckteren Eindruck machen, verwundert denjenigen gar nicht, der gehört hat, daß auch diejenigen Unterschichtangehörigen, die nach den Ergebnissen der soziolinguistischen Untersuchungen B. Bernsteins den „restringierten Kode" im Sprechen anwenden, überraschend „elaboriertes" Sprachverhalten zeigen, wenn der Druck der sozialen Situation stark genug ist, diese Strategie verbaler Planung einzusetzen. Sowie aber der situative Zwang, sich „elaboriert" zu artikulieren, wieder nachläßt, fällt das Mitglied der Unterschicht wieder in den „restringierten" Sprachgebrauch zurück, der der vorherrschenden Struktur seines

---

[14] Übersetzt liegt vor: *Engelmann, S. und Th.:* Kinder-Schule von 0—5 Jahren, Freiburg: Hyperion 1969

sozialen Beziehungssystems entspricht[15]. Dasselbe ist zu erwarten, wenn ein Kind in einer faszinierenden Spielsituation auf einmal Aktivität, Zielstrebigkeit und kritisches Potential offenbart. Kehrt es in sein Herkunftsmilieu zurück, setzen sich die vorgegebenen Interaktionsstrukturen wieder durch, die dem Unterschichtkind die Ausprägung dieser Fähigkeiten verwehren[16]. Wer diese Problematik unterschlägt, muß sich mit Recht den Einwand gefallen lassen, er verharmlose die in mächtigen Institutionen verfestigten Reproduktionsmechanismen der Gesellschaft, durch die sozialstrukturell geprägte Lebensverhältnisse immer wieder wirkungsvoll in psychische Strukturen umgesetzt werden.

Wie muß das Programm, Kinder durch Rollenspiel zu fördern, aussehen, wenn es diese Zusammenhänge nicht übergehen will? Die Versuche, die sozialen und kreativen Fähigkeiten der Kinder zu verbessern, dürfen nicht auf „spielerische" Situationen im Sinne von konsequenzloser Beliebigkeit vertrauen. Im Gegenteil: Erstes Ziel sollte es sein, nicht in irgendwelchen Freiräumen, sondern in den etablierten Institutionen — also vor allem in der Familie und an der Schule — neue Bedingungen für kommunikatives Handeln in Rollen durchzusetzen.

Untersuchen wir die Möglichkeiten in beiden Bereichen genauer: In die Interaktionsstruktur der Familien kann unmittelbar kein Außenstehender eingreifen. Freilich könnten wir das Kind durch Theaterstücke oder durch Rollenspiele in Kindergärten oder Vorschule mit neuen Interpretationen für Konflikte ausstatten und es stärken, seine Bedürfnisse wirkungsvoller zu vertreten. Sehr wohl kann allerdings niemand bei der Vorstellung sein, das Kind einzusetzen, um die eingefahrene Interaktionsstruktur eines Familiensystems umzustürzen. Welche Aufgabe dem Kind dabei aufgebürdet wird, kann der ermessen, der die Kapitel der sozialpsychiatrischen Literatur über „psychische Mißhandlung" von Kindern gelesen hat. Dort werden zahlreiche Fälle berichtet, in denen Kinder, die das auf scheinbare Harmonie gegründete Zusammenleben der Familie — zumeist sogar unbeabsichtigt — in Frage stellten, in die Rolle eines „Sündenbockes" für jegliches

---

[15] *Williams, F.* und *Naremore, R.:* On the Functional Analysis of Social Class Differences in Modes of Speech. In: Speech Monographs 36 (1969), S. 77—102; und: Social Class Differences in Children's Syntactic Performance: A Quantitative Analysis of Field Study Data. In: Journal of Speech and Hearing Research 12 (1969), S. 778—793

[16] Diese Unterschiede im beobachteten Verhalten legen nahe, auch in der Entwicklungspsychologie mit dem in der Linguistik bewährten Begriffspaar von Kompetenz und Performanz zu operieren.

Unglück manövriert wurden, in der sie schließlich psychisch zusammenbrachen[17].

Wenn wir derartige Pläne also aufgeben, um Kindern nicht zu schaden, bleibt immerhin übrig, daß Rollenspiele im Kontext des Familienlebens recht leicht in eine sehr ernsthafte Auseinandersetzung mit herkömmlichen Rolleninterpretationen überführt werden können. Diese Möglichkeiten sollten genutzt werden, um den Kindern zu einem erweiterten Repertoire an Deutungen für Rollen und Konflikte zu verhelfen: Vor allem die verfestigten Interpretationen der Autoritäts- und Geschlechtsrollen können aufgebrochen werden. Wichtig ist dabei jedoch, daß nicht lediglich alte Stereotype durch neue abgelöst werden, sondern daß den Kindern die Erfahrung erschlossen wird, je nach Situation zu überlegen, wie Bedürfnisse gemeinsam befriedigt werden können.

Im Bereich der Schule sieht es im Hinblick auf Versuche, das herkömmliche Rollenhandeln durch beweglichere Interaktionsmuster abzulösen, etwas günstiger aus. Vor allem die Vorschläge, in der Gesamtschule die traditionelle Jahrgangsklasse in einem differenzierenden Kurssystem aufgehen zu lassen, schließt entscheidende Veränderungen in der gesamten Rollenstruktur der Schule ein: Den über Wohl und Weh wachenden Klassenlehrer wird es nicht mehr geben. Der Schüler muß folglich selbständiger über seine Schullaufbahn entscheiden. Er ist dabei auf die Kooperation mit Schulpsychologen und Schülerberatern angewiesen. Um die Motivation auf Seiten des Schülers und die Kompetenz auf Seiten des Beratenden nicht zu verschütten, muß diese Zusammenarbeit von gegenseitiger Anerkennung getragen sein. Mit der Jahre überdauernden Klassengemeinschaft fällt der Bezugsrahmen für die einen jungen Menschen ein halbes Leben lang verfolgenden Rollenstereotype fort: der „Klassenbeste“, der „Klassenclown“, das „Mauerblümchen“ usw. Statt dessen bestehen vermehrte Möglichkeiten, sich in den wechselnden Kontexten verschieden zusammengesetzter Arbeitsgruppen immer wieder neu zu präsentieren und jeweils angemessene Formen der Kooperation zu entwickeln. Jedoch ist auch hier allzu großer Optimismus nicht am Platz: Es steht nämlich zu befürchten, daß die Gesamtschulen viel gründlicher im Hinblick auf die bessere Förderung der Begabung durch differenzierteres Fächerangebot durchdacht werden als unter dem Aspekt, flexibles Rollenhandeln aufrechtzuerhalten.

---

[17] *Vogel, E. F.* und *Bell, N. W.:* The Emotionally Disturbed Child as the Family Scapegoat. In: Bell, N. W. und Vogel, E. F. (Hrsg.): A modern Introduction to the Family, 5. Aufl., Glencoe, Ill.: Free Press 1963, S. 382—397

Aber gerade wenn diese Seite des Problems nicht bedacht und kontrolliert wird, kann es geschehen, daß die in ihren Rollen verunsicherten Kinder sich in sozial homogene Cliquen flüchten, die sich um die verschiedenen Leistungskurse der Schule gruppieren. Auf diese Weise lebt unter der Oberfläche einer modernen Modellschule die Gliederung des alten Schulsystems wieder auf.

## 6. Forderungen an ein emanzipierendes Rollenspiel

Ist diese Erörterung der Problematik des Rollenhandelns, die immer wieder auf die existierenden gesellschaftlichen Institutionen Bezug nahm, so zu verstehen, daß von dem üblichen spontanen oder angeleiteten Kinderspiel und vom Kindertheater überhaupt keine positive Auswirkung zu erwarten sei? Nein und Ja. Sicherlich ist es gut, wenn Kinder überhaupt spielen. Aber falls nicht interveniert wird, wird das Kinderspiel nur die längst übernommenen starren Interaktionsmuster wiederholen und im Hinblick auf die Entwicklung sozialer Handlungsfähigkeit und auf die Förderung von Lernen folgenlos bleiben. Welche Eingriffe könnten das Spiel fruchtbarer machen? Vor allem muß jemand mit den Kindern über das reden, was eigentlich vorgefallen ist: Warum sind wir bei diesem Wettspiel auf einmal so aufgeregt geworden? Warum hat Thomas nicht richtig mitgespielt? Warum geht es schneller, wenn wir das Taschentuch rechts herum im Kreis durchreichen als links herum? Bilden wir ein anderes „wir", wenn wir rechts herum spielen, als wenn wir links herum weitergeben? Das sind Ansatzpunkte für lange Unterhaltungen, die fast unbemerkt in eine therapeutische Aufklärung übergehen können. Die Beteiligten erfahren sich selbst dabei als Mitglieder einer Gruppe. Sie werden sensibel für die Erwartungen der anderen, lernen eigene Intentionen zu erklären, Vorurteile zu revidieren und derzeit nicht zu beseitigende Ungewißheit zu ertragen. Derartige Gespräche werden nicht selten Themen hochspülen, die eine Therapie im engeren psychoanalytischen Sinne nötig machen würden. Darauf sollte jeder vorbereitet sein, der Kinder aus dem Bereich der alltäglichen Verhaltensroutinen herausholt.
Andere Spiele aktualisieren ausdrücklich bestimmte Rollenvorbilder. Auch hier machen erst Interventionen das Spiel wirklich ergiebig. Eine Person vereinigt ungewöhnliche Rollen — der Hauswart spielt als Freund der Kinder mit ihnen Fußball auf dem Rasen; ein Rollenspieler fällt aus der Rolle — ein Polizist sitzt auf dem Kantstein und weint; ein Mitspieler bricht aus der vorgesehenen Rollenaufteilung aus — der Vater weigert sich, zur Arbeit zu gehen u. ä. Auch über das, was in diesen Rollenspielen ge-

schieht, muß man sprechen, um die zunächst unbewußten, jetzt auf einmal sichtbaren Verhaltensmuster nachzuzeichnen.
Diese Spiele können langsam in kleine Theaterstücke übergehen, die die Kinder selber erfinden, um verschiedenartige Interaktionssituationen kennenzulernen und mit verschiedenen Auswegen aus verfahrenen Situationen zu experimentieren. Es ist sicherlich auch möglich, den Kindern eine Geschichte anzubieten, in der sie sich ausspielen, oder sogar die Kinder in ein vorstrukturiertes Theaterstück zu integrieren. Immer aber sollte für Gelegenheit gesorgt sein, daß die Kinder Rollen aufgreifen und in die Handlung aktiv einsteigen können, um den Ablauf nach ihren Erwartungen und Bedürfnissen mitzubestimmen. Das ist vor allem für die jüngeren Kinder unabdingbar, die den vorgeformten Handlungen eines aufgeführten Bühnenstückes noch nicht zu folgen vermögen. Erst die älteren Kinder und vor allem die Jugendlichen sind in der Lage, eine Lehre aus dem Erfolg oder Scheitern bestimmter Konfliktlösungsstrategien, die ihnen auf der Bühne exemplarisch dargestellt werden, für ihre eigenen Interaktionsprobleme zu ziehen. Aber auch hier kommt es darauf an, die Kinder und Jugendlichen anzuregen, über ihr Spiel und dessen Konsequenzen zu diskutieren. Und es ist wichtig, gerade den Äußerungen nachzugehen, die auf Interaktionsstörungen hinweisen.
Damit die Kinder nicht vor Aufgaben gestellt werden, die sie nicht bewältigen können, muß ihr Alter berücksichtigt werden. Zum Abschluß sollen daher noch kurz die Ergebnisse einiger psychologischer Untersuchungen zusammengefaßt werden, die über die Entwicklung der Fähigkeit, eine Rolle zu übernehmen und sich die Handlungsperspektive von Interaktionspartnern vorzustellen, vorliegen[18]. Das erste wesentliche Resultat besteht darin, daß die Schwankungsbreite der Fähigkeit zu Rollenspiel auf jeder Altersstufe sehr groß ist. Das ist nach den vorgetragenen Annahmen über den Einfluß verschiedener Familienstrukturen auf die Ausprägung der Grundqualifikationen sozialen Handelns auch nicht anders zu erwarten; sie schließen eine strikte Abhängigkeit der Entwicklung dieser Fähigkeiten von altersbedingten Reifeprozessen aus. Aber dennoch gibt es auch Entwicklungsstufen. Da wir den Abschluß der primären Sozialisation mit der Bewältigung der ödipalen Krise durch den Aufbau einer neuen Beziehungsstruktur ansetzen, dür-

[18] Zusammengetragen bei *Flavell, J. H.:* The Developmental Psychology of Jean Piaget, New York: Van Nostrand 1963, S. 399 f. und *Flavell, J. H.:* The Development of Role-Taking and Communication Skills in Children, New York: Wiley 1968

fen wir frühestens nach diesem Stadium damit rechnen, daß ein Kind über die Fähigkeit verfügt, als Mitglied eines sozialen Systems Erwartungen der anderen wahrzunehmen und sich an Kompromissen über gemeinsame Bedürfnisbefriedigung zu beteiligen. Die Untersuchungen bestätigen auch diese aus theoretischen Erwägungen abgeleitete Vermutung. Dem Vier- bis Fünfjährigen fallen viele einfache Aufgaben noch recht schwer, zum Beispiel sich vorzustellen, wie ein ihm gegenübersitzender Mensch von seinem Platz aus einen Gegenstand sieht, der dem Kind von allen Seiten bekannt ist. Erst die Vorschul- und Schulkinder sind in der Lage, die spezifische Informationsbedürftigkeit eines Interaktionspartners einzukalkulieren und seine besonderen Erwartungen zu respektieren. Aber diese Bündel von Fähigkeiten zu Kommunikation und Interaktion sind auch in dieser Entwicklungsphase nicht auf einmal vorhanden, sondern entfalten sich je nach den sie begünstigenden Umständen bis in die Pubertät hinein.
Die Untersuchungen bieten ferner Hinweise, daß Rollenspiel und damit zusammengehende kommunikative Fähigkeiten tatsächlich auch gefördert werden können. Es wird vor allem erwähnt, daß es positive Auswirkungen hat, wenn Eltern oder Lehrer die Kinder immer wieder nach Begründungen für ihr Verhalten fragen und sie auf die sozialen Konsequenzen ihrer Handlungen aufmerksam machen. Angesichts unserer Analyse greifen diese Versuche, die Grundqualifikationen sozialen Handelns zu vermitteln, jedoch zu kurz. Wie wir dargestellt haben, sind es in erster Linie die Eigenarten sozialer Systeme, die flexibles oder rigides Verhalten in Rollen erzwingen. Daher sollten wir uns bei den Bemühungen, die Entwicklung sozialer Handlungsfähigkeit zu unterstützen, nicht auf Hinweise und Mahnungen durch Autoritätspersonen verlassen, sondern Veränderungen in der Struktur sozialer Systeme, in denen die Kinder leben, einzubeziehen versuchen. Einen nicht zu vernachlässigenden Ansatz zu diesem Programm bieten Rollenspiele und Theater von, mit und für Kinder.

**Aus der Diskussion**

Frage: Können Sie die Feststellungen Freuds über die verschiedenen Entwicklungsphasen, z. B. Ödipus- und Latenzphase, mit Ihrer Rollentheorie vereinbaren?

Wir versuchen, die psychoanalytischen Feststellungen in die Rollentheorie einzubringen. Warum?
Uns lockt an dem Rollenbegriff, daß er gleichsam einen Umschlagplatz von psychischen Qualitäten und sozialstrukturellen Gegebenheiten darstellt. Der

Rollenbegriff nimmt also eine vermittelnde Position ein: Die strukturellen Gegebenheiten prägen Rollen, die Rollen setzen Systeme wiederum in psychische Bedingungen um. Das, was die Psychoanalyse — zum Teil als angeblich unausweichliches Schicksal — beschrieben hat, versuchen wir in spezifischen sozialen Lebenswelten festzumachen, denn in Untersuchungen konnten wir feststellen, daß diese Konflikte eine spezifische Gestalt je nach sozialer Umwelt annehmen. Daraus ergibt sich auch: Wenn man therapeutisch intervenieren will, — z. B. über das Rollenspiel — muß man angesichts dieser Umstände vorgehen.

Frage: Wollen Sie dabei also von dem Kriterium der subjektiven Zufriedenheit und dem Modell der Kompensation ausgehen oder von den objektiven Bedingungen mit dem Ziel, die darin liegenden Konflikte auszutragen?

Ich akzeptiere diese Alternative nicht. Gehen wir von den Problemen aus, die zuhauf auf der Straße liegen, so liegt unsere einzige Chance darin, daß die erweiterten Fähigkeiten, die wir im Sozialisationsprozeß, wie ich ihn in meinem Referat beschrieben habe, anstreben, im Kind widerstandsfähigere, festere Strukturen zu hinterlassen. Die neuen Möglichkeiten liegen darin, daß ein Individuum mit diesen psychischen Strukturen in Widerspruch geraten kann zu dem Ausmaß an Repression in bestimmten Situationen seiner gesellschaftlichen Umwelt. Wenn jemand in seinem Sozialisationsprozeß hiervon ein bißchen gelernt hat, sieht er vielleicht die Welt nicht mehr so monolithisch und er beginnt, sich zumindest an einzelnen Punkten zur Wehr zu setzen. Zugegeben, es handelt sich hier um ein revisionistisches Modell.

Um die Ambivalenz dessen, was ich ausgeführt habe, näher zu beleuchten, möchte ich fragen, was man eigentlich erreichen möchte. Unsere Ziele sind wohl nicht so verschieden: Man will die gesellschaftlichen Verhältnisse verändern. Welcher Weg ist einzuschlagen? Dabei muß man zunächst einmal die Vorstellung ernst nehmen, daß das Kind als eine tabula rasa auf die Welt kommt. Wir müssen also davon ausgehen, daß das Kind nur seine Gesellschaft in sich ausprägt und sonst nichts. Wie können wir nun sichern, daß das Kind überhaupt dazu kommen kann, sich in Gegensatz zu seiner Gesellschaft zu stellen und sie zu verändern? Unterschätzen wir dabei nicht die Wirksamkeit der Sozialisationsmechanismen! Sie sorgen tatsächlich dafür, daß das Arbeiterkind in seine Arbeiterklasse hinein sozialisiert wird — und das sogar mit subjektiver Zufriedenheit.

Auf der anderen Seite sehen wir, daß Mittelschichtkinder eine ganze Reihe schöner Fähigkeiten erwerben, dieser Gesellschaft aber ungeheuer loyal

gegenüberstehen, weil jene Kinder ja von den Vorteilen dieser Gesellschaft sichtlich profitieren. Ihre Fähigkeiten allerdings würden sie viel eher in die Lage versetzen, sich gegen ihre Gesellschaft zu stellen, und zu artikulieren, daß viele Bedürfnisse von dieser Gesellschaft nicht befriedigt werden. Sie sind also sehr befähigt, sich aufzumachen und gegen diese Gesellschaft etwas zu unternehmen.
Der Arbeiterschaft hingegen hat diese Gesellschaft geschickt den Erwerb von Fähigkeiten vorenthalten, mit denen sie sich gegen jene Mechanismen zur Wehr setzen könnte.

Frage: Ich habe an Ihrem Referat Hinweise auf die Möglichkeiten nichtverbaler Kommunikation vermißt. Die scheinen mir gerade für das Rollenspiel sehr wichtig.

Es darf selbstverständlich nicht nur um die verbale Seite gehen. Das, was ich mit der Fähigkeit zur Interpretation einer Situation betonen wollte, zielt vor allem auf die Eröffnung von Handlungschancen, auf die Ermöglichung von Bedürfnisbefriedigung. Nicht eine Predigt hilft dem Unterschichtkind: Es muß in andere Handlungszusammenhänge mit einem ihn ansprechenden Aufforderungscharakter gestellt werden. In diesem Sinne verstehe ich Rollenspiel. Es ist also wenig sinnvoll, unter Berufung auf Bernstein, die keineswegs berechtigt ist, etwa Grammatikprogramme zu entwerfen, die Kinder mit restringiertem Kode in einer elaborierten Sprache trainieren sollen. Unser Problem liegt vielmehr darin, für das Kind relevante Handlungssituationen zu schaffen, in denen Konflikte seiner realen Lebenswelt sichtbar werden und in denen darüber hinaus Defekte aus seinen bestimmten Erfahrungen deutbar und einer Therapie zugänglich gemacht werden.
Ziel muß es sein, das Kind als handlungsfähige Person, die wirklich Widerstand leisten kann, zu sozialisieren. Das ist ein ungeheuer mühsamer Prozeß, der sich nur in kleinen Gruppen vollziehen kann. Ich bemühe mich, wie Sie sehen, keine inhaltlichen Ziele zu projizieren. Auch in der Wissenschaft ist bei weitem noch nicht genügend geklärt, welche Handlungsbedingungen die verschiedenen sozialen Gruppen kennzeichnen; das gilt auch für die Arbeiterschaft. Ich halte mich nicht für einen legitimen Interpreten dessen, was die Ziele des Proletariats sind.
Untersuchungen von uns weisen zudem darauf hin, daß wir vielleicht mit Piaget annehmen können, daß Kinder selbst unter ungünstigen Erziehungsbedingungen Anregungen aufnehmen und Fähigkeiten entwickeln, die man später an ihnen nicht mehr beobachten kann. Hier schließen sich die noch offenen Fragen von Kompetenz versus Performanz an (Chomsky,

Bernstein); sie müßten jedoch auch für die nicht-verbalen Kommunikationsformen durchgespielt werden.

Einwand: Krappmann wählt Kriterien aus, die er für wertvoll hält. Mit dem Wissen darum legitimiert er seinen theoretischen Ansatz. Wir müssen aber von der Klassenanalyse, d. h. von den Klassengegensätzen unserer Gesellschaft und den dahinter stehenden Sozialisationsbedingungen ausgehen. Von ihnen sind dann die objektiven Interessen der Arbeiterschaft abzuleiten. Wenn ich also proletarisches Kindertheater mache, dann ist mein Ziel, daß ich den Arbeiterkindern ihr notwendiges Interesse eindeutig klar mache, das sie nur dann verfolgen können, wenn sie solidarisch handeln. Erziehung muß sich also an der Gesellschaftsanalyse ausrichten. Erst dann können wir über systemimmanente Veränderungen hinauskommen.

Klaus Müller

# Übernahme von Bedürfnissen, Einstellungen und Verhalten von Modellpersonen

Mein Beitrag befaßt sich mit Untersuchungen und Ergebnissen aus dem Bereich der experimentell ausgerichteten Lernpsychologie. Wenn auch die folgenden Untersuchungen und Befunde wenig aufregend erscheinen mögen, so stellen sie doch einen relativ gesicherten Wissensbestand dar, auf dem man immer noch spekulierend aufbauen kann.

Verstehen wir „Lernen“ als die mehr oder minder dauerhafte Veränderung von Verhalten, die als Ergebnis der Interaktion von Menschen mit der Umwelt anzusehen ist, so soll sich der Begriff „Soziales Lernen“ hier auf Verhaltensänderungen beziehen, die auf die Interaktion des Menschen mit seiner sozialen Umwelt — Eltern, Geschwister, Donald Duck u. ä. — zurückgehen. Dieses soziale Lernen beruht auf verschiedenen Prinzipien, im wesentlichen auf dem Prinzip von Lohn und Strafe. Für das Theater besonders wichtig ist das Prinzip des Lernens am Modell. Damit sind Lernprozesse gemeint, die durch Beobachtung und Orientierung am Verhalten eines anderen Menschen, eben des „Modells“, erfolgen[1]. Natürlich sagt diese sehr allgemeine Definition noch nichts über die Bedingungen und Mechanismen aus, die für den Effekt der schließlichen Übernahme von Bedürfnissen, Einstellungen und Verhalten verantwortlich sind.

Es ist auch im allgemeinen sehr schwierig festzustellen, auf welche Bedingungen und Modellpersonen das jeweils gezeigte Verhalten eines Kindes zurückzuführen ist (von wem hat er das?). Als Modellpersonen kommen ja nicht nur die Eltern, sondern auch andere Personen aus der Umgebung des Kindes in Frage, einschließlich von Spielgefährten, sowie Personen, mit denen das Kind keinen direkten Kontakt hat wie Filmhelden oder Comic-Strip-Figuren. Mit zunehmendem Alter orientiert sich das Kind an einer zunehmenden Zahl von Modellen; von jedem übernimmt es nur wenige Aspekte des Modellverhaltens gemäß seinen bereits gemachten Erfahrungen und Erwartungen.

Im folgenden soll von einigen Bedingungen die Rede sein, die für die Wirksamkeit von Modellen wichtig sind:

[1] In der hier notwendigen Kürze kann ich Ihnen natürlich nur einen ersten Eindruck vermitteln. Für die weitere Information möchte ich Ihnen die Arbeit von A. Bandura empfehlen, die in: *D. A. Goslin* (ed.): Handbook of Socialisation, Theory and Research, Chicago 1969, erschienen ist.

## 1. Modelle mit Belohnungswert

Geliebte und bewunderte Personen werden besonders nachgeahmt, wie schon die Alterserfahrung zeigt. Wie kommt es dazu, wie allgemeingültig ist dies und wie relevant in diesem Rahmen?

Den ersten dauernden Kontakt hat das Kind im allgemeinen mit seiner Mutter, die seine primären Bedürfnisse befriedigt. Ihre Gegenwart steht schließlich allgemein für Erleichterung und Wohlbefinden; viele ihrer Eigenschaften und Verhaltensweisen werden als angenehm erlebt, auch wenn sie nicht in unmittelbarem Zusammenhang zur Bedürfnisbefriedigung stehen. Es läßt sich nun beobachten, daß das Kind versucht, gerade diese als angenehm erlebten Verhaltensweisen der Mutter nachzuahmen, so unvollständig auch seine Fähigkeiten und Fertigkeiten sein mögen. In dem Maße, wie andere Personen nach dem Vorbild der Mutter in der Lage sind, soziale Belohnungen und Bestrafungen zu vermitteln, werden sie zu Modellpersonen, von denen sogar solche Verhaltensweisen und Eigenarten übernommen werden, die in keiner Weise die Modellperson erfolgreicher oder liebenswerter machen. Dazu brauchen die Modelle weder in direkter Interaktion mit dem Kind zu stehen; noch muß es schon Umgang mit ihnen gehabt haben.

## 2. Zur sozialen Macht des Modells

Wir können bei der Untersuchung der Bedeutung dieses Faktors für die Übernahme von Bedürfnissen, Einstellungen und Verhalten vielleicht am besten von einem Experiment ausgehen:

Ein Kind sieht sich zwei Erwachsenen gegenüber. Während der erste mit einer hohen sozialen Macht — hier im Sinne einer Verfügungsgewalt über begehrenswerte Güter — ausgestattet ist, erscheint der zweite Erwachsene als erfolgreicher Rivale, der in einer ganzen Reihe von Situationen mehr direkte sowie soziale Belohnungen von dem ersten Erwachsenen erhält als das mit ihm rivalisierende Kind.

Es zeigt sich nun, daß das Kind von dem Erwachsenen mit sozialer Macht wesentlich mehr Züge übernimmt als von der Person, die die Belohnung erhält. — In diesem Experiment waren außerdem Geschlechtsunterschiede, sowohl für das Modell wie für den Nachahmenden, von recht großer Bedeutung: War das mächtige Modell ein weiblicher Erwachsener, so ahmten Jungen dieses Modell oft weniger nach als das zweite Modell, den männlichen Rivalen — auch wenn dieser noch nicht einmal belohnt wurde. Mädchen dagegen imitierten in jedem Fall den mächtigen Erwachsenen. Spätestens im Alter von fünf bis sechs Jahren stellt das Geschlecht einen wichtigen Faktor des Modell-Lernens dar. Männliche Erwachsene stellen im allgemeinen wirksamere Modelle für Kinder dar als weibliche, wenn es sich nicht um geschlechtsspezifische Lerninhalte handelt.

In Übereinstimmung mit Ergebnissen zur Bedeutung des sozialen Modells stehen auch Untersuchungen an ehemaligen Gefangenen. Hier ergab sich, daß eine Orientierung an den Mächtigen des Lagerlebens in engem Zusammenhang stand mit der Übernahme von Attributen derselben. Sie erfolgte besonders durch jene Beobachter, die vor ihrer Inhaftierung autoritäre Einstellungen und autoritäres Verhalten gezeigt hatten.

Aus einem anderen Bereich sei hier noch eine Beobachtung eingefügt: Menschen mit einem starken Streben nach sozialem Aufstieg zeigen ebenfalls eine starke Übernahme von Attributen der mächtigen, sozial höherstehenden Modelle, auch wenn sie gerade von diesen starke Nackenschläge einstecken müssen. D. h. also, daß man diese im Theater stärker beeindrucken könnte, wenn man die Modelle stärker mit sozialer Macht ausstattete.

Eine Reihe von Experimenten zu diesem Faktor macht deutlich, daß das Verhalten von aggressiven Personen in Filmen sowohl von Kindern als auch von Erwachsenen übernommen wird, obwohl diese Personen keine Bedrohung für den Beobachter darstellen und eine Angstreduktion zur Erklärung dieser Tatsache nicht gut angenommen werden kann. Das Prinzip der Identifikation mit dem Aggressor kann diese Übernahme also schlecht erklären. Wichtig scheint vielmehr der Erfolg des aggressiven Verhaltens des Modells für die Übernahme des Verhaltens: Wenn ein aggressives Modell Verfügungsgewalt über erstrebenswerte Dinge aufgrund seines aggressiven Verhaltens erhält, kann man erwarten, daß das aggressive Verhalten und die entsprechende Einstellung recht effizient übernommen werden.

Oerter schreibt hierzu in seiner modernen Entwicklungspsychologie[2]: „Wie Bandura und Mitarbeiter festgestellt haben, ahmt das Kind Aggressivität offensichtlich nicht nur in einer Laboratoriumssituation nach, sondern auch im wirklichen Leben. Der Einfluß aggressiver Modelle scheint auf die Entwicklung der Motivation (Geltung, Durchsetzung, Rücksichtslosigkeit usw.) sehr stark zu sein. Das liegt zum einen daran, daß Aggression ein primärer Trieb zu sein scheint, zum anderen erfährt das Kind in der Mehrzahl der Fälle, daß Aggression Erfolg hat und Vorteile einbringt. In diesem Zusammenhang kommt dem ungewollten erzieherischen Einfluß des Lehrers große Bedeutung zu. Ein Lehrer mit sehr strenger Disziplin ist meist auch sehr

---

[2] *Oerter, R.:* Moderne Entwicklungspsychologie, Donauwörth: Ludwig Auer 1969, S. 116

Hans-Wolfgang Nickel

# Theaterrolle, Rollentheorie, Interaktionspädagogik

## 1. Rollenhandeln und Rollenspiel

Die vorstehenden Beiträge enthielten sozialwissenschaftliche Theorien. Ihr Bezug zu einer möglichen praktischen Verwirklichung soll jetzt näher erläutert werden.

Dazu ist es zunächst nötig, den von der Soziologie entfremdeten Begriff der „Rolle“ wieder auf seinen Ursprung zurückzuführen: Schauspieler waren und sind es noch heute, die im Theater Rollen spielen.[1] Wir müssen zwar begrifflich scharf scheiden zwischen dem Rollenhandeln in der sozialen Wirklichkeit und dem Rollenspiel der Bühne. Kinder aber befinden sich in ihrer „Wirklichkeit“ in einem ständigen Übergang vom Spiel zum Handeln: die Familie, die Schule und nun insbesondere auch das Kindertheater stellen ihnen den Freiraum, der weiteres Spiel erlaubt und die Kinder zumindest teilweise vor den Forderungen der Erwachsenenwelt abschirmt (vgl. die „künstlichen Klimata“ bei Claessens, S. 34). Es gilt also, diesen Freiraum zum spielerischen Einüben und Vortrainieren von Rollenhandeln auszunützen, wobei die bestehenden Normen nicht unkritisch übernommen werden, sondern genau und bewußt geprüft und verändert werden sollen.

Der hier skizzierte Sachverhalt wird ausführlich in soziologischen Inter-

[1] „Rolle geht eigentlich auf lateinisch rotulus zurück, ist jedoch vermutlich durch das französische rolle, rôle vermittelt worden. Da seit ungefähr 1600 die Texte der Schauspieler auf Papierrollen abgeschrieben wurden, setzte sich das Wort dann im Theater fest: In engerer Bedeutung ist es dasjenige Papier, worauf dasjenige, was ein Schauspieler auf der Bühne zu sagen hat, geschrieben ist, weil die Schauspieler dieses Papier ehedem zusammengerollt in der Hand hatten . . .“
Aus: *Mehlin, Urs H.:* Die Fachsprache des Theaters. In: Wirkendes Wort, Bd. 7, Düsseldorf: Schwann 1969, S. 308 f., vgl. auch *Kluge:* Etymologisches Wörterbuch der deutschen Sprache, Berlin: W. de Gruyter 1967
„Ein Sonderfall ist, daß seit Ende des 16. Jhs. der Anteil des einzelnen Schauspielers am Spiel auf einen handlichen Streifen geschrieben wurde, von dem er auf den Proben die eben gebrauchte Stelle sichtbar hielt, das übrige aufrollte. Den in Amsterdam 1598 zuerst bezeugten Brauch übernimmt A. Gryphius 1663 nach Schlesien.“

aktionsanalysen behandelt.[2] Dort finden sich auch die Schlußfolgerungen im Hinblick auf eine Erziehung zu flexiblem, autonomem Umgang mit Verhaltensnormen. Mitunter wird bereits auf das Rollenspielen als geeignetes Mittel einer solchen Erziehung hingewiesen (vgl. Krappmann S. 48). Kaum beachtet werden hingegen die prinzipiellen Ähnlichkeiten zwischen dem Rollenhandeln bzw. dem Rollenspiel des Kindes und der Arbeit des Schauspielers, die der Interaktionspädagogik eine legitime Stellung in der kindlichen Sozialisation einräumen.

Das Rollenspiel des Schauspielers wie das Rollenhandeln des „homo sociologicus" vollzieht sich in Interaktionen, die durch Symbole und Normen übergreifender Verhaltenssysteme strukturiert werden, die ihre Stabilität wiederum durch Sanktionen erhalten. Der Schauspieler sieht sich damit jedoch nicht in ein starres, unveränderliches System versetzt, das nur stumpfsinniges Reproduzieren von Interaktionsmustern erlaubt. Bei einer Theaterform, die den Schauspieler als eigenbestimmtes Wesen ernst nimmt, hat er das Stück mit ausgesucht oder mit geschrieben, sind seine Einfälle mit in die Inszenierung eingegangen, sind Normen und Interaktionen also zum Teil sein Werk, zum Teil von ihm akzeptiert; gerade deshalb ist er fähig, sein Rollenspiel je nach der Situation (etwa je nach den Reaktionen des jeweils neuen Publikums in jeder Aufführung) flexibel und spontan zu verändern und auf Variationen seiner Mitspieler einzugehen. Der gute Regisseur als Schauspieler-Erzieher wird sich gerade dadurch auszeichnen, daß er seinen Schauspielern die Kraft zur Erfindung wie die Fähigkeit zur Veränderung mit vermittelt.

Der Schauspieler muß also auf der Bühne entscheiden, wie weit er vor einem bestimmten Publikum so spielt wie gewohnt (das würde die Rollenübernahme nach Vorschrift des Regisseurs bedeuten, also das Reproduzieren der auf den Proben festgelegten Inszenierung), oder wie weit er, in direktem Bezug zu Besonderheiten des zuschauenden Publikums (des Raumes, der Tagesereignisse, seiner eigenen physischen oder psychischen Verfassung usw.) nach eigenem Ermessen eine Rollenvariation entwirft. Sie müßte kontrolliert sein; sie sollte z. B. dem Verständnis der Zuschauer und den Erfordernissen des Stückes, das gespielt wird, entsprechen. Allerdings lassen sich durchaus Situationen denken, in denen die Rücksicht auf das Stück nicht mehr zählt. Von den üblichen Formen des

---

[2] Hier und im folgenden vgl. *Habermas, J.:* Thesen zur Theorie der Sozialisation (Vorlesung im SS 1968), sowie den Beitrag von *Lothar Krappmann* im vorliegenden Band S. 37 f.

Vorführtheaters ist es vor allem das Kabarett, das im Hinblick auf die Forderung nach Aktualität vom Schauspieler die größten Fähigkeiten zum selbstgesetzten Rollenentwurf, zur Improvisation, verlangt. Es ist also auch kein Zufall, daß Kabarettisten zum Kindertheater kommen (vgl. Hachfeld S. 117).

Die notwendigen elementaren Befähigungen zur Behauptung des Schauspielers im Rollenspiel und seinen Veränderungen sind nun, wie die Rollentheorie lehrt, auch zur Behauptung der Ich-Autonomie im sozialen Rollenhandeln nötig. In beiden Fällen geht es darum, den Interaktionen zugrunde liegende Normen, Symbole und Aktionen zu erkennen und eigenen Zielen, Wünschen und Bedürfnissen entsprechend zu reagieren. Denn Rollen sind kaum völlig eindeutig definiert, selten als unnachgiebige Muster verinnerlicht, so daß sie in der Regel dem Interaktionspartner die Chance zur Selbstdarstellung einräumen. Schauspieler bzw. Interaktionspartner sollen also in der Lage sein, verinnerlichte Normen flexibel anzuwenden, um in kontrollierter Selbstrepräsentation ein angemessenes Gleichgewicht zu finden zwischen Rollenübernahme nach Vorschrift oder Usus (was bequem ist) und Rollenentwurf nach eigenem Ermessen (was spannend ist). Dabei muß die besondere Schwierigkeit bewältigt werden, beim Rollenpartner auch Wünsche und Bedürfnisbefriedigungen zu tolerieren, die erst einmal den eigenen Zielen nicht dienen. Der Schauspieler muß etwa bereit sein, zugunsten des Ensembles, des Spielplans, der Aussage usw. (um das Theaterspiel bzw. die Interaktion weiter aufrecht erhalten zu können) auch Nebenrollen zu akzeptieren und die eigenen Bedürfnisse nach der großen Rolle bis zum nächsten Stück zurückzustellen.

## 2. Anleitung zur Empathie

Die angeführten Grundqualifikationen reichen indes lediglich zur Behauptung des einzelnen in bestehenden Systemen aus; zwar verändern sich diese dabei ebenfalls, jedoch nur punktuell und gleichsam als Nebenprodukt. Das aber erscheint uns heute nicht mehr befriedigend. Wir brauchen die kalkulierte Veränderung gesellschaftlicher Interaktionssysteme, um die Ich-Autonomie jedes einzelnen besser fördern zu können. Formulieren wir die Bedingungen dieser Verbesserung, so wird wiederum die Verbindung von Rollenspiel und rollentheoretischem Ansatz deutlich. Zugleich zeigt sich, daß der Ansatz der Interaktionspädagogik den Folgerungen der Rollentheoretiker im Hinblick auf die Erfordernisse einer Sozialisation mit dem Ziel der Ich-Autonomie weitgehend Rechnung trägt. Das wird schon deutlich, wenn wir zunächst beschreiben, wie sich die Verbesserung von Interaktionssystemen in der Terminologie der Rollentheorie ausnehmen würde. Eine solche Verbesserung verlangt:

noch allgemein geltende Normen und tatsächliches Verhalten miteinander in Einklang zu bringen; die Unehrlichkeit des Systems würde verringert, Symbole würden verständlicher und die Differenz zwischen Symbolen und Realität eingeschränkt;

die Interpretationsmöglichkeiten von Rollen nicht nur selbst aktiv auszunutzen, sondern auch anderen kalkuliert freizugeben; das würde die Rigidität des Systems verringern;

die Flexibilität der Rollenträger allgemein und gezielt zu verstärken: nur der flexible Interaktionspartner toleriert meine eigene Flexibilität;

auf die Bedürfnisbefriedigung aller Interaktionspartner zu achten und damit die Repressivität der Erwartungen zu verringern: komplementäre Erwartungen werden also nicht nur auf die partielle Interaktion und auf äußerlich ablesbares Verhalten gerichtet, sondern umfassen die ganze Person des Partners — die komplementären Erwartungen werden also ausgeweitet.

Bemühungen dieser Art würden als allgemeine (d. h. auf viele oder alle Interaktionspartner bezogene) Fähigkeit die Empathie verlangen, die wir normalerweise nur als Sympathie wenigen gegenüber realisieren, wenn wir jemanden gern haben und dadurch so gut verstehen, daß wir seine Erwartungen vorwegspüren, innerlich vorwegnehmen und im Rollenhandeln mit bedenken, erfüllen.

Empathie setzt die Gewißheit voraus, die eigene Rolle lustvoll aufrechterhalten zu können. Erst das Gefühl, nicht selbst bedrängt zu sein, gibt mir die Möglichkeit, die Erwartungen des anderen zu sehen und ihnen zu ihrem Recht zu verhelfen. Meist ergibt sich dabei die Erfahrung, daß sich ein solches Verhalten lohnt, daß dadurch Interaktionen begehrt und erfolgreich werden und zu weiteren Kooperationen führen. Denn Empathie bewahrt davor, andere kurzum in Rollen hineinzupressen, die sie nicht übernehmen wollen, die dem Rollenverteiler aber aus irgendeinem Grund als nötig und nützlich erscheinen. Der Sensibilität dem Interaktionspartner gegenüber liegt eine besondere Leistung der Wahrnehmung zugrunde, die mit Intelligenz, Sprachstrukturierung, kognitiver Differenzierung und emotionaler Stabilität positiv, mit Stereotypen, Intoleranz, Vorurteilsbildung negativ korreliert.[3]

---

[3] Vgl. *Krappmann, L.:* Neuere Rollenkonzepte als Erklärungsmöglichkeit für Sozialisationsprozesse, In: betrifft: erziehung, März 1971, S. 27

Auf dem Theater wird Empathie an drei Stellen des theatralischen Produktionsprozesses nötig: Empathie ist Voraussetzung dafür, daß schon bei der Auswahl des Stückes Rollenwünsche und Rollenerwartungen der Ensemblemitglieder erfüllt werden können; die Erkenntnis des anderen verhilft bei der Auswahl der Gänge und Gesten den Mitspielern zu günstigen Positionen; sie erspürt während der Aufführung Möglichkeiten, den Partner vor dem jeweiligen Publikum zur Geltung zu bringen. Ziel solcher Empathieleistungen ist es immer wieder, vorweggenommene Regelungen durch spontane zu ersetzen; sich nicht an die gewohnte Ordnung (die Bedürfnisse von gestern) zu halten, sondern an die Bedürfnisse von heute; zu improvisieren, nicht auswendig zu lernen; mit dem Publikum zu spielen, nicht einem passiven Beifallspender von oben herab etwas vorzusetzen.
Natürlich paßt eine solche Konzeption wenig zu der Vorstellung von der „großen Inszenierung eines meisterhaften Regisseurs und überragender Darsteller“, die einen Idealzustand (eben das große Werk) fixieren will. Als Teil der Theaterkunst hat dieses Streben seine Berechtigung; Kunst will dem Augenblick Dauer verleihen; für das Schul-, Amateur- und Kindertheater aber darf dieses Kunstideal sicherlich nur Ausnahme sein; daß die Gesellschaft einen Zustand idealer Vollkommenheit schon erreicht habe, wird kaum jemand behaupten wollen.

### 3. Neue Interaktionsmuster

Was erhoffen wir uns von den Bemühungen um Verbesserungen sozialer Systeme?
Über das Erkennen, Verstehen und Beachten von Symbolen hinaus könnten alte Interaktionsmuster umstrukturiert und neue geschaffen werden mit besseren, treffenderen, realitätsgerechteren Symbolen; über flexibles Rollenhandeln hinausgehend, könnten neuartige Rollen und Interaktionsmuster erfunden werden;
über das Erkennen, Verstehen und Beachten von Normen hinaus könnten neue, bessere Normen, neue Verhaltenserwartungen entwickelt werden;
über die Kenntnis und Vermeidung unliebsamer Sanktionen hinaus könnte uns der Abbau von Sanktionen gelingen; genauer: der Abbau von gewaltsamen und unrevidierbaren Sanktionen und die Beschränkung auf interaktionszugehörige und interaktionsfördernde Sanktionen.
Wir erhoffen uns also ein revidiertes Rollensystem, das die Ich-Autonomie (Ich-Stabilität) eines jeden Interaktionspartners fördert.
Für die dringend notwendige Veränderung reicht aber die Kraft des einzelnen kaum aus. Er findet sich eingepaßt in bestehende Rollensysteme, ehe er

gelernt hat, Rollen zu erfinden, und die Kraft hat, sich in ihnen zu behaupten; ja, er entwickelt als Schutz geradezu die Ideologie des Schon-immer-so-gewesen und Kann-gar-nicht-anders-sein. Da aber jede Gesellschaft auf Grund ihres permanenten sozioökonomischen Wandels fortlaufend neue Bedingungen schafft, schuldet sie sich und dem einzelnen als Teil seiner grundlegenden Sozialisation die Befähigung zur Veränderung von Rollensystemen. Diesem Lernprozeß sieht sich die Interaktionspädagogik verpflichtet.

Die Interaktionspädagogik benutzt den Spielraum Theater, um Fähigkeiten für den einzelnen und Modelle für die Gesellschaft zu entwickeln. Ihr entspricht eine Theatererziehung, die Strategien und Fähigkeiten zur Veränderung von Rollen aufzeigt und einübt. Eine solche Theatererziehung fordert also nicht Gehorsam vor einem sakrosankten Text, vor dem Machtwort des Regisseurs, sondern will die gestalterischen Fähigkeiten des einzelnen entwickeln: im Eigenrollenspiel des Kindes wie vorführend auf der Bühne des professionellen Kindertheaters.[4]

---

[4] Eine erste Fassung der vorstehenden Gedanken erschien in: *Brandes, E. und Nickel, H.-W.* (Hrsg.): Beiträge zu einer Interaktions- und Theaterpädagogik, Berlin: Pädagogisches Zentrum 1971. S. 19 ff.

Wolfgang Schulz

# Zur Bedeutung des Rollenspiels in Kindergarten und Grundschule

*Rollenspiel* ist ein vieldeutiger Begriff. In einem gewissen Sinne sind wir alle auch außerhalb des Bezirks der ästhetischen Freiheit, die wir nach Friedrich Schiller im Spiel erfahren, auch in der Realität des gesellschaftlichen Lebens Rollenspieler: Als Träger sozialer *Rollen* entsprechen wir mehr oder weniger den *Erwartungen,* die an uns als Inhaber einer bestimmten sozialen *Position* von den Bezugsgruppen gestellt werden, um unseren sozialen *Status* zu sichern. Aber ein Spiel, frei sowohl vom Druck der individuellen (und letztlich auch sozial vermittelten) Bedürfnisse (Es) und ebenso vom Zwang gesellschaftlicher Machtverhältnisse und deren Verinnerlichung (Über-Ich) — ein Spiel, das man ohne weiteres von den Ansprüchen der vermittelnden Instanz der Selbstbestimmung (Ich) aus entscheiden könne, ist dieses Leben in der sozialen Realität keineswegs. Darauf hat z. B. Hans Peter Dreichsel in seinem Buch „Die gesellschaftlichen Leiden und das Leiden an der Gesellschaft" mit Recht hingewiesen[1]. Druck und Zwang können unsere Entwicklung so ausschließlich bestimmen, daß eine autonome Ich-Organisation, wie sie etwa E. H. Erikson in „Identität und Lebenszyklus" beschrieben hat, sich nicht zu bilden vermag.

Das Rollenspiel, das wir bei Kindern in Familie und Nachbarschaft, in Kindertagesstätten und Grundschulen beobachten, ist sicher auch role playing, Spielen der sozialen Rollen, die den Kindern angesonnen werden. Darüber hinaus aber ist es playing at a role, *spielerische Antizipation von sozialen Rollen* in sozialen Situationen, die ihnen nicht oder wenigstens noch nicht zugemutet werden, z. B. im Vater-Mutter-Kind-Spiel, im Doktor-Spiel, im Kaufmann-Spiel, bei der spielerischen Auseinandersetzung zwischen Trappern und Indianern, Räubern und Gendarm.

Offenbar erfüllen diese Kinderspiele eine ganze Reihe von Funktionen, die für ihre Sozialisation bedeutsam sind: Sie dienen etwa der Triebabfuhr, indem sie es erlauben, Aggression, die durch Konflikte mit den Ansprüchen Stärkerer hervorgerufen wurde, wenigstens im Spiel legitim auszuleben, die Stärkeren bezwingend oder sich mit ihnen identifizierend. Im Rollenspiel

[1] *Dreichsel, H. P.:* Die gesellschaftlichen Leiden und das Leiden in der Gesellschaft, Stuttgart 1968, S. 105 ff.

gelingt es dem Kind, sein Verständnis für die Welt der Erwachsenen zu zeigen, indem es sie imitiert, es erweitert dabei sein Inventar an Verhaltensmustern, seinen Sprachbesitz, es interagiert als Spielgefährte, Sozialpartner von seinesgleichen, bewährt sich als Kumpel und sichert sich damit seinen Status in der peer-group.

Wenn die professionelle Sozialisation in Kindertagesstätten und Grundschulen diese lebenswichtigen Anpassungsmechanismen aufgreift, um sie mitzusteuern, dann sollte dies nicht nur geschehen, um die Anpassung an die bestehende Gesellschaft mit ihrer Rollenkonstellation, die ohnehin erfolgt, durch Fremdbekräftigung von Beamten dieser Gesellschaft noch zu verstärken. Sie sollte versuchen, diese Rollenspiele in der Weise umzufunktionieren, daß die gesellschaftsnotwendige *Kompetenz* nur zugleich mit einem Training in gesellschaftsrelativierender *Emanzipation* vermittelt wird.

Dabei wird Emanzipation als Prozeß aufgefaßt, durch den eine Individualität die innere wie die äußere Freiheit gewinnt, zu den Zielen und Mitteln, den Voraussetzungen und den Folgen ihrer Sozialisation und der anderer Stellung zu nehmen, indem sie die im Sozialisationsprozeß sich vermittelnden Interessen durchschaut, zu ihrer eigenen, ins Bewußtsein gehobenen Interessenlage in Beziehung setzt und zur Sicherung ihrer Selbstbestimmung in der Gesellschaft sowie der Mitbestimmung ihrer Ordnung handelt, in Solidarität mit jedem an Autonomie gehinderten Mitbürger. In diesem Verständnis meint Emanzipation mehr als innere Unabhängigkeit aus Einsicht in die objektiv bestehenbleibende Fremdbestimmung (liberalistisches Mißverständnis); sie meint aber auch mehr als eine Befreiung von objektiven gesellschaftlichen Zwängen, die, wenn sie nicht im Bewußtsein der Notwendigkeit immer neuer Relativierung jeder gesellschaftlichen Ordnung vor dem Anspruch der Individualität auf Autonomie erfolgt, lediglich zu anderen Formen der Fremdbestimmung führt (kommunistisches Mißverständnis).

Das Ausmaß, in dem etwa das öffentliche Bildungswesen im Elementar- und Primarschulbereich gegenüber partikularen Interessen Kompetenzvermittlung mit Emanzipationsförderung verknüpft, darf wohl mit Recht als Indiz für seine Bereitschaft bzw. für seine tatsächliche Macht interpretiert werden, die Zusage des Grundgesetzes bezüglich der Egalisierung der Chancen bei der freien Entfaltung der Person realisieren zu helfen.

Natürlich sind die Möglichkeiten der Emanzipationsförderung in der Grundschule begrenzt, und die Pflege des Rollenspiels ist nur eines ihrer Mittel. Im Spiel werden die Fesseln der sozialen Realität nicht wirklich abgestreift, aber es ist möglich, in ihm die Befähigung zu wecken, zu stärken und zu differenzieren, durch die Kinder den Abstand von ihrer Lage gewinnen, der sie davon befreit, nur ein einmal angesonnenes Verhalten nachvollziehen zu müssen. So können sie nach Jürgen Habermas und Lothar Krappmann *Rollendistanz* lernen: Dadurch, daß sie erfahren, daß man eine Rolle in der gleichen Situation unterschiedlich spielen kann, dadurch, daß sie die gleiche Situation als Träger verschiedener Rollen durchspielen, wird ihnen der Spielraum für Handlungsalternativen vermittelt; hinter den Rollen wird eine Ich-Instanz erfahrbar, die ihre Identität in der Kombination und Variation der Rollen zu wahren hat, die Balance zwischen persönlichem und sozialem Anspruch haltend. Im Zusammenspiel mit den Trägern anderer Rollen wird Ambiguitätstoleranz entwickelt, die Fähigkeit, die Frustration, die man bei der Realisierung der eigenen Rolle durch die Gegenrollen und Nebenrollen erfährt, soweit zu ertragen, als nötig ist, damit das Spiel nicht abgebrochen werden muß, weil man aus dem Felde geht oder die anderen Rollenträger bzw. sich selbst zur totalen Unterwerfung unter ein Konzept zwingt. Im Training der Befähigung zur *Empathie* lernen die Schüler, die Situationsüberlegenheit, die sie durch Distanzierung ihrer Rolle und durch die gewachsene Fähigkeit zum Durchhalten sozialer Spannungen gewinnen, in ein Verhalten umzusetzen, das den eigenen Interessen dient, indem es die Reaktionen der anderen Rollenträger antizipiert und in die eigene Strategie einbezieht.

Aber in der spielerischen Variation der Rollen kann man sich nicht nur von der Gebundenheit des Verhaltens an ein einmal gelerntes Schema emanzipieren. Im Spiel kann man auch das Normengefüge verändern, auf das die Rollenträger sich in ihrem Verhalten beziehen, und damit die soziale Situation so verfremden, daß sie als eine erscheint, die man ändern kann, wie das für die Ebene des großen Theaters Bert Brecht in seinem „Kleinen Organon" entwickelt hat. Über die Verfremdung der Situation gelangen die Rollenspieler zum *Systembewußtsein,* zu der Erfahrung, daß man sich noch ganz anders verhalten könnte, wenn man die gesellschaftlichen Voraussetzungen des Verhaltens ändert; die *Aktionssolidarität* mit anderen, die sich ebenfalls unter ihnen nicht entfalten können, kann ebenfalls experimentell durchgespielt werden, wobei wir über Jürgen Habermas' Individualismus hinausgelangt wären, ohne die Forderung nach Ich-Autonomie aus falsch verstandener Solidarität aufzugeben.

Wie beeinflussen wir das kindliche Rollenspiel so, daß diese emanzipatorischen Möglichkeiten des Spiels verwirklicht werden? Versuchen wir zunächst, die Konflikte der Kinder in ihrer sozialen Realität zum Inhalt der Spiele zu machen: Konflikte mit den mächtigen Erwachsenen, mit Eltern, Hauswarten, Sozialarbeitern, Nachbarn, Kaufleuten, Polizisten, Konflikte mit älteren Kindern, mit anderen Kindergruppen usw. Fordern wir die Kinder zum Experimentieren mit verschiedenen Konfliktlösungen heraus,

ermöglichen wir ihnen Rollenwechsel, sprechen wir mit ihnen über den Konflikt, über die alternativen Lösungen und ihren Bezug zu ihrem Leben. Der Wechsel der Realisationsebene (Handpuppen), die Vorgabe von bildlichen Anregungen (Bildgeschichten; Kurzfilme; Darstellungen einer konfliktträchtigen Situation) oder sprachlich-akustischen (open-end-stories) kann unser Bemühen unterstützen. Zur Verfremdung der Situation und ihrer normativen Voraussetzungen kann man an märchenhafte Darstellungen oder — etwas später — science fiction anknüpfen, die den Kindern vertraut sind, um „Wie-es-auch-noch-sein-könnte“ Spielvorlagen einzuführen. Dabei sollten die von der Lehrperson bevorzugten emanzipatorischen und solidarischen Alternativen neben anderen angeboten werden, durchaus häufiger als sie im Alltag realisiert werden, aber nicht bevorzugt durch Bekräftigung des Lehrers: Die Kinder sollen Autonomie nicht als etwas erfahren, was man dem Lehrer zuliebe simuliert, sondern als etwas, was einen selbst befriedigt und unter gleichen bestätigt, als etwas, das man auch gegen den Lehrer verwenden kann.
So gesehen, vermögen die social studies als Stätte des Trainings reflektierten sozialen Verhaltens einen Bezugspunkt für andere vorschulische und schulische Aktivitäten zu bilden: Sprachförderung und Sachinformation, logischmathematische Spiele, Literaturunterricht, Musik und Kunsterziehung, Bewegungserziehung gehen einerseits als Voraussetzungen in das Rollenspiel ein und empfangen andererseits von ihm neue Aufgaben. Letztlich sollten ja alle Bemühungen der Schule die Funktionsfähigkeit des Individuums als kompetente und kritische Mitbürger fördern, die ihr „Leiden an der Gesellschaft“, wie es Hans Peter Dreichsel formuliert hat, für die Humanisierung der menschlichen Beziehungen fruchtbar macht. Wir wissen heute, daß das politische Verhalten des Erwachsenen zu einem beträchtlichen Teil von den Sozialerfahrungen seiner Kindheit gesteuert wird. Deshalb gebührt der Problematisierung dieser Erfahrungen und ihrer Ergänzung in Vor- und Grundschule mindestens die Aufmerksamkeit, die dem Erwerb der Techniken des Lesens und Schreibens heute sicher ist[2].

[2] Aus: *Brandes, E. und Nickel, H.-W.* (Hrsg.): Beiträge zu einer Interaktions- und Theaterpädagogik, Berlin: Pädagogisches Zentrum 1971

Marion Klewitz
Hans Wolfgang Nickel

# Möglichkeiten einer Kritik anregenden Praxis

In den beiden vorstehenden Beiträgen war bereits vom Praxisbezug und von Möglichkeiten praktischer Verwirklichung die Rede. Dieser Bezug soll in den nächsten Beiträgen verdeutlicht werden.
Der Psychiater *Zapotoczky* erläutert das *Psychodrama* als eine Methode zur Therapie psychisch gestörter Patienten. Trotz vieler Ähnlichkeiten mit täglichen Erziehungssituationen und vertrauten Formen des Theaters sollten sich jedoch Lehrer und Theaterleute darüber im klaren sein, daß diese Methode als eine geschlossene Strategie den Fachmann verlangt, daß nicht schon einzelne Interaktionsformen des Psychodramas eine therapeutische Wirkung haben. Ebenso unbestreitbar aber ist, daß in jedem Umgang von Menschen psychodramatische Momente auftreten, daß insbesondere der Lehrer in seinem Unterricht ständig solche Momente schafft, der Schauspieler sie auf der Bühne gestaltet. Durch das Verständnis für die Methode des Psychodramas sollten Lehrer und Theaterleute lernen, diese Momente genauer zu interpretieren und angemessener zu lenken. Ein Lehrer muß zum Beispiel erkennen können, ob ein Schüler reif ist, allein einen Auftrag auszuführen, oder ob es psychisch nötig ist, ihm zur Bestärkung ein Double (vgl. S. 84) an die Seite zu geben. Aus dem Beitrag von Zapotoczky könnten eine ganze Reihe solcher entlastender Möglichkeiten entnommen werden; der therapeutische Anspruch des Psychodramas sollte demgegenüber jedoch klar abgegrenzt werden.
In seiner *Analyse eines Neuköllner Kindertheaters* holt *Arno Paul* einleitend zur Klärung seiner Prämissen aus. Dieser Ansatz eines emanzipatorischen Theaters für Arbeiterkinder steht stellvertretend für eine ganze Reihe neuer Kindertheaterversuche linker Gruppen.
Sein Bericht über die Praxis sollte zunächst gelesen werden als ernste Warnung vor einem Schautheater von Kindern mit festem Aufführungstermin und großer Aufführung, in dem viele Schulen heute noch die einzige Ausdrucksform des Amateurtheaters sehen. Diese Warnung darf aber nicht als stringenter Nachweis dafür verstanden werden, daß das Vorführtheater von Kindern eo ipso verderblich ist. Zum einen erscheint die Beobachtung der Neuköllner Spiel- und Probensituation als so bruchstückhaft, daß von ihr aus keine zusammenhängenden Aussagen formuliert werden können. Zum anderen kann die praktische Durchführung nicht als vorbildlich angesehen

werden: Eine Fülle pädagogischer Maßnahmen, die mindestens teilweise negative Nachwirkungen von Aufführungen auffangen, werden hier nicht angewandt. Von positiven Auswirkungen ist gar nicht die Rede.
Mit Bedacht sollten aber die Veränderungen studiert werden, die von den Kindern in den Proben an der Aschenputtel-Geschichte vorgenommen wurden. Hier scheint eine Revision des Märchens erreicht, die didaktisch verantwortbar ist. Für das flexible Lernen von Kindern ist es nötig, daß sie die ihnen ohnehin bekannten Stoffe in dieser Weise analytisch spielend angehen und mit Realität anreichern.
Daß wir schließlich noch einem einzelnen Theater einen eigenen Beitrag einräumen, hat zwei Gründe: Zum einen waren die Leute vom *Reichskabarett* die ersten, die sich resolut den Problemen des Kindes von heute stellten und damit einen gewichtigen Einfluß auf das gesamte deutsche Kindertheater ausübten. Zum andern erscheint es als vorbildlich, wie bei diesem Theater jedes neue Stück als ein neuer Versuch betrachtet wird, wie man sich also niemals mit dem Erreichten zufrieden gibt, sondern in immer neuen Ansätzen ein pädagogisches, aufklärerisches Theater zu realisieren versucht. Bevor man jedoch den „tieferen Sinn" dieser Theaterarbeit überprüft, sollte man die Art der greifbaren, gegenständlichen Darstellung ruhig beim Wort nehmen. Denn der Artikel, noch mehr der nachfolgende Brief an eine Schulklasse, bietet zugleich ein praktisches Beispiel für die bestimmende Absicht, „anzukommen". Das Ziel eines jeden Theaters, vom Publikum erst einmal schlicht verstanden zu werden, verlangt im Falle des Kindertheaters in besonderem Maße die bewußte Vereinfachung. Hier weist *Hachfelds* Darstellung einen Weg, Handlungen und Reflexionen über Mittel des Kindertheaters auch Kindern einsichtig zu machen.

Hans-Georg Zapotoczky

# Kindertheater und Psychodrama

## Bausteine des Rollenspiels und ihre psychologische Bedeutung

### 1. Die Rolle im psychodramatischen Spiel

Auf den ersten Blick scheinen Psychodrama und Kindertheater eines gemeinsam zu haben: beide sind sie eine Art von Spiel, in beiden lebt das Kind in einer fiktiven Situation, in der es seine libidinösen, also lustgetönten, aber auch seine aggressiven und von Unlust getragenen Tendenzen ausleben, seine Träume verwirklichen, aber auch seine Sehnsüchte, seine Sorgen, seine Anliegen zum Ausdruck, zur Darstellung bringen kann.
Hier — im Spiel — übt es den Umgang mit der Gemeinschaft, hier lernt es sich zu behaupten, sich zu verteidigen; spielend erfährt es die Dinge handzuhaben, spielend erfährt es sich selbst. Und doch hebt sich der Charakter des Psychodramas ganz entschieden von dem des Spiels im üblichen Sinne ab. Schon Moreno[1] hat darauf hingewiesen: man kann „Räuber" spielen oder „Ehemann", man kann aber auch die „Rolle" eines Räubers oder eines Ehemannes spielen; bereits in der Sprache klingt an, worauf es anzukommen scheint. „Räuber" oder „Ehemann" spielen, scheint eine Möglichkeit des Ausdrucks unter vielen zu sein. Wenn ich aber die „Rolle" eines Räubers oder Ehemanns spiele, dann kommt darin ein die Aktion retardierendes und reflektierendes Moment zum Vorschein, eine Einstellung, die nicht mehr nur zufällig ist, sondern welcher Modellcharakter anhaftet, nicht eine Rolle im üblichen Sinne schlechthin als Funktion des Individuums in einer Gruppe (Fairchild[2]), sondern verstanden als Funktion des Individuums vor der Rolle, vor der Verbindlichkeit der Rollenerwartung durch die „Gesellschaft". Wenn zur Erläuterung der Vergleich erlaubt ist: Man kann die Rolle Hamlets gestalten, indem man einen dänischen Prinzen spielt, also als Funktion eines Menschen in einer Gruppe, man kann aber auch in Hamlet einen Menschen darstellen, der die Funktion eines Rächers seines ermordeten Vaters spielen will — als Rechtfertigung vor sich selbst, weil z. B. gerade dieses Problem der Vaterbeziehung in der Psychogenese des Protagonisten eine besondere

[1] *Moreno, J.:* Gruppenpsychotherapie und Psychodrama, Stuttgart: Thieme 1959
[2] *Fairchild, H. P.* (Hrsg.): Dictionary of sociology, New York 1944

Wertigkeit besitzt.[3] In dem einen Fall, wenn man einen „Räuber", einen „Ehemann" oder einen „dänischen Prinzen" spielt, läßt man sich von der Wirklichkeit, von den Gegebenheiten dieser Rolle tragen und bestimmen; man gebraucht ihre Accessoires (Bart, Hörner und Krone), man tummelt sich auf ihrem Schauplatz. In dem anderen Fall, wenn man die „Rolle" eines Räubers, eines Ehemanns, eines dänischen Prinzen spielt, bestimmt die eigene Wirklichkeit, das heißt die Relation des einzelnen Individuums zu einer erwarteten Verhaltensweise das Rollenspiel; man gebraucht die eigenen Requisiten (eigenen Fehler, Ahnungen, Vermutungen), das eigene psychische Gerüst wird zur Szene, zum Schauplatz, auf dem nun nicht mehr der Umfang einer Rolle (Hauptrolle, Nebenrolle) oder ihr sozialer Status (König oder Lakai) bedeutsam sind, sondern einzig und allein die psychische Realität des betreffenden Individuums, d. h., daß die Intensität der eigenen Empfindungen, Wünsche und Gefühle vor den Rollenanforderungen bestimmend ist. Wie dies auch Max Frisch angedeutet hat, der nun nicht Psychodrama gemacht hat, wohl aber Psychoepik — Psychoroman —, wenn er im „Stiller" meint: „Nicht in der Rolle, wohl aber in der unbewußten Entscheidung, welche Art von Rolle ich mir zuschreibe, liegt meine Wirklichkeit."[4] Und von dieser Art, sich eine Rolle zuzuschreiben, soll jetzt im folgenden die Rede sein.

Im Psychodrama wird zuallererst das Modell der möglichen Gruppenbeziehungen des Protagonisten sichtbar und wirksam, also die möglichen Einstellungen eines Menschen zur Rolle überhaupt. Während wir uns beim Spiel — ob es nun Schauspiel, Kindertheater oder Spiel der Kinder miteinander ist — durch Faszination, Vorstellungskraft (Imagination) und Ausdruck hinreißen lassen, interessiert beim Psychodrama die modellartig verkürzte Wiedergabe der im realen Leben wirksamen Beziehungen eines Menschen zu seiner Umwelt und deren Anforderungen.

Widlöcher hat diesem Sachverhalt in der Bemerkung Ausdruck verliehen: „Si le psychodrame n'est pas jeu d'imagination, il n'est pas pour autant

---

[3] Um Mißverständnisse zu vermeiden, sei noch einmal betont, daß die hier gegebene Rollenunterscheidung in den Feststellungen der modernen Rollentheorie über grundlegendes und allgemein verbreitetes Verhalten (vgl. *Claessens*, S. 30 ff. und *Krappmann*, S. 37 ff.) nicht hervorgehoben wird. Für das Verständnis des Psychodramas ist es indes notwendig, das bloße Reproduzieren von Verhaltensweisen, die der Spieler bei anderen Trägern dieser Rolle abgelesen hat, systematisch abzuheben von der Aktualisierung eigener psychischer Reaktionsmuster im Verlauf des Nachspielens fremder Rollen.

[4] *Frisch, M.:* Stiller, Frankfurt a. M.: Suhrkamp 1954

simple reproduction du réel."[5] In dieser Realität bewegt sich also der Mensch, dessen Identität sich im mitmenschlichen Bedingungsgefüge allmählich formiert und verstärkt.

Auf die Wechselwirkung von Selbstgefühl (wie ich mich selber sehen kann) und vom Gefühl meiner selbst, wie es durch die jeweilige Gemeinschaft bestätigt und anerkannt wird, um ihre Bedeutung für die Bildung der Ich-Identität, hat insbesondere Erikson hingewiesen. Erikson hat für das Gefühl der Ich-Identität die „angesammelte Zuversicht des Individuums" verantwortlich gemacht, „daß der inneren Gleichheit und Kontinuität auch die Gleichheit und Kontinuität seines Wesens in den Augen anderer entspricht"[6], d. h., das Spiel einer Rolle eines Individuums wird durch die entsprechende Rollenerwartung der anderen bestätigt. Wenn wir von der Manifestation des Ich sprechen, dann müssen wir die entscheidende Beziehung zum Du miteinbeziehen, welches das Ich anerkennend stärken oder unterdrückend in Frage stellen kann.

Theaterspiel, ja Spiel schlechthin, kann die Ich-Bildung genausogut fördern wie unterdrücken; schließlich kann auch ein Rollenspiel durch die davon differente Rollenerwartung der anderen diskriminiert werden. Psychodrama hingegen verkörpert das Modell der jeweils gegebenen Möglichkeit, mit einem anderen, mit dem „Du" in eine Beziehung, in einen Dialog zu treten. Es kann sich um ein diagnostisches Modell handeln, das die Verhaltensweise eines Menschen erst einmal aufdeckt und bewußt werden läßt, um ein therapeutisches oder ein pädagogisch-einübendes Modell — der Charakter einer „Urszene" (jetzt nicht im Sinne Freuds!), eines Ur-Schauplatzes, an welchem immer nur ganz bestimmte Positionen, Aktionen und Möglichkeiten der Konfrontation vorherrschen und wirksam sind, bleibt bestehen. Nicht um Schauplätze, „wo man eine Rolle spielt" (Shakespeare) geht es im Psychodrama, sondern um das Transparentwerden von Strukturen, welche die zwischenmenschlichen Anliegen eines Menschen begründen.

Es kann also im Psychodrama weder thematisch noch funktionell irgend etwas vorfallen, vorkommen oder sich ereignen, was nicht auch im alltäglichen Leben passieren kann. Es wird nur ganz entscheidend darauf ankommen, den Verhaltensduktus eines Menschen in dieser auch im Alltag erlebbaren Situation so aufzugliedern, daß er für die betreffende Person verständlich und dirigierbar wird.

---

[5] *Widlöcher, D.:* Le Psychodrame chez l'enfant, Paris: Presses Universitaires de France 1962

[6] *Erikson, E. H.:* Kindheit und Gesellschaft, Stuttgart: Klett 1961

## 2. Verbale Interaktionsmöglichkeiten des Psychodramas

Ein Beispiel soll aufzeigen, was gemeint ist:

Ein 14jähriger Mittelschüler fällt im Gymnasium dadurch auf, daß er stets ängstlich ist, keine Leistungen mehr erbringt, jeder Wettkampfsituation aus dem Wege geht, ohne sich zu wehren unrechtmäßige Beschuldigungen auf sich nimmt. Auch in seiner Freizeit fällt er durch sein Meidungsverhalten auf.

Aus der Vorgeschichte ist bekannt, daß die Ehe der Eltern seit acht Jahren geschieden ist, der junge Mann unter dem Einfluß der Mutter steht, für die er „alles" ist und die ihm den Vater, aber auch die Schulkameraden ersetzen will und die Freizeit des Knaben vollständig okkupiert. Der junge Mann wird ambulant psychotherapeutisch behandelt. Zu Beginn der Behandlung wird ihm aufgetragen, einmal darzustellen, was passiert, wenn er von der Schule nach Hause kommt. Eine Psychologin als Co-Therapeut übernimmt den Part der Mutter des jungen Mannes und wird von ihm instruiert, wie sie sich zu verhalten habe. Und dann beginnt das Spiel.

Zunächst kommt es zu einem dürftigen *Dialog:* Die Mutter (Co-Therapeutin) stellt dem jungen Mann das Mittagessen auf den Tisch und fragt ihn nach neuen Schulnachrichten, Schulaufgaben usw. aus. Der Knabe antwortet mürrisch und wortkarg. Und allmählich entwickelt sich eine Atmosphäre, wie sie sich offensichtlich bereits seit einigen Jahren tagtäglich im Hause des jungen Mannes abspielt. Er ißt seine Mahlzeit, macht sich an die Schulaufgaben heran, ordnet seinen Willen völlig den ständigen Anordnungen der Mutter unter und setzt ihr keinerlei Widerstand mehr entgegen. Sie läßt ihn kaum zu Wort kommen, und wenn, korrigiert sie ihn sofort. Dieses Spiel einer bestimmten Situation dient hauptsächlich diagnostischen Zwecken; es erhöht den Informationsgehalt für die Therapeuten beträchtlich und stellt die Realität, in der sich der junge Mann bewegen muß — wie unter einem Vergrößerungsglas — drastisch dar. Es dient als Ausgangspunkt für weitere psychodramatische Schritte; zuvor sollen dieser Szene aber *Interpretation* und *Diskussion* folgen, da sonst die Gefahr besteht, daß der Patient auf diese dramatische Konfrontation schon mit einer Depression reagiert. In der Regel ist dieser einfachen Darstellung einer realen Begebenheit bereits ein gewisser therapeutischer Effekt eigen, weil es im Sinne des „acting out" schon zu einer ersten Befreiung vom unmittelbaren Konfliktdruck gekommen ist. Meist erfolgt nun eine *Rollenumkehr:* Zwei Personen — in unserem Beispiel die Co-Therapeutin, welche die Mutter darstellte und der junge Mann — tauschen ihren Part. Die Szene wurde wiederholt; dabei zeigte sich, daß der so schüchterne und jede Konkurrenzsituation meidende junge Mann eine prächtig aggressive, ihren Wortschwall kaum in Zaum haltende Mutter abgab. Nach etwa drei bis fünf Minuten wurde das Spiel unterbrochen und interpretiert. Es erwies sich nun nicht nur, daß der junge Mann die häusliche Situation besser darstellen konnte, als er sie geschildert hatte, sondern daß er zugleich auch sehr befriedigt über seine Leistung war.

Neben der diagnostischen Bedeutsamkeit dieser Rollenumkehr war auch ihre therapeutische Effektivität schon größer als beim Dialog. An diesem Zeitpunkt der Therapie wurde nun die Mutter des Knaben eingeladen, und es wurden Dialog und Rollenumkehr mit beiden — Mutter und Patienten — durchgespielt. Die Mutter des Patienten war überrascht, daß er ihr in diesen Sitzungen bereits anders gegenübertrat als bisher. Der Effekt dieser psychodramatischen Therapiestunden wurde noch dadurch verstärkt, daß der Patient gelegentlich die *Zuschauerrolle* einnahm und die Mutter zusammen mit männlichen Co-Therapeuten die häusliche Szene, wie sie gewöhnlich abzulaufen pflegt, darstellte. Während sich also der Patient scheinbar völlig passiv verhielt, wurde ihm vorgeführt, wie der Co-Therapeut gegenüber der Mutter immer aktiver wurde, sie gleichsam in ihre Schranken zurückwies und seinen eigenen Willen durchzusetzen begann. Der Patient war davon beeindruckt und spielte nun seinerseits die Rolle des Co-Therapeuten nach, wobei es ihm Mühe machte, die vorgelebte-vorgespiegelte Idealfigur zu imitieren. Von Bedeutung war, daß das Spiel des Co-Therapeuten leicht übertrieben wurde; gerade wenn es ihm gelingt, seine Darstellung solcherart zu akzentuieren, daß sie den Eindruck des leicht Grotesk-Übersteigerten hinterläßt und auf diese Weise stärkere Konturen bietet, kann dies einen größeren Aufforderungscharakter zur Imitation ausüben und das Nach-Spiel des Patienten erleichtern.

Wichtig ist dabei, daß der Patient immer das Gefühl hat, er könne von sich aus das dargestellte Vorbild, oder besser die vorbildliche Darstellung durch den Co-Therapeuten, gerade noch imitieren. Ist es dem Patient nicht möglich, dieses Gefühl des Nachahmen-Könnens und der Identifikation mit dem Co-Therapeuten zu entwickeln, werden wir seine Darstellung mit seiner ursprünglichen Rolle immer wieder zusammenfallen sehen, d. h., der Patient wird seine ursprünglich demonstrierte Fehlhaltung im Sinne echten Wiederholungszwanges solange beibehalten, bis ihm eine Identifikation mit dem Co-Therapeuten eine *Rollen-Variation* ermöglicht. Denn es soll nicht die bloße Nachahmung von Gesten und bestimmten Ausdrucksweisen erreicht, sondern die Entwicklung eigenständiger Fähigkeiten des Patienten durch den Vorgang der Identifizierung angeregt werden.

Ähnlich kann man auch mit der Mutter versuchen, ihre ursprüngliche Einstellung durch ein sukzessiv verändertes Rollenspiel zu korrigieren. Die Rollenvariation geht dann gleichfalls derart vor sich, daß der Frau zunächst eine für sie gerade noch akzeptable Rollenvariante (Verhaltensvariante) vorgespielt wird und sie dann aufgefordert wird, ihren Part ähnlich zu gestalten. Mit dieser von ihr selbst variierten Einstellung wird sie schließlich neuerlich konfrontiert — und diese Abfolge von vorgespielter Rolle und nachgespieltem Part bei leichter, jedoch ständiger Variation wird nun solange fortgeführt, bis das für den Patienten akzeptable „Rollenideal" erreicht ist. Man soll sich aber nicht darüber hinwegtäuschen lassen, daß gerade bei Menschen, die nicht aus Gewohnheit, sondern aus einer fixierten neurotischen Haltung heraus gewisse Einstellungen beziehen und beibehalten — wie dies auch in dieser geschilderten Krankengeschichte der Fall ist —, eine derartige Rollenvariation nur sehr schwer und eventuell nur mittels Unterstützung durch andere therapeutische Möglichkeiten (evtl. im Rahmen einer Psychotherapie) erreicht werden kann.

Es stehen aber noch weitere psychodramatische Register zur Verfügung: so das des *Doubles,* welches darin besteht, daß ein Co-Therapeut zugleich mit dem Patienten ein und denselben Part verkörpert. Hier kommt der Bestärkungseffekt besonders zur Geltung; wir finden diese Möglichkeit der *Rollenverstärkung* durch einen anderen, der sich in derselben Situation befindet, auch außerhalb des Psychodramas häufig realisiert: etwa in den vielen Freundschaften zwischen Menschen, die einmal in derselben physischen oder psychischen Lage waren; schließlich gibt es Situationen, die nur dank der Gegenwart eines anderen Menschen bewältigt werden können; Situationen, an denen das Ich zugrundegeht, wenn es nicht ein Du hat, dank dem es Ich bleiben kann, z. B. ein Kind getraut sich nicht allein in den Keller zu gehen. Wenn es nur irgend jemand begleitet, ist es schon kein Problem mehr. Man hat an dieser Möglichkeit des therapeutischen Doubles immer das Problem zu großer suggestiver Beeinflussung befürchtet. Die suggestive Beeinträchtigung spielt in alle Bereiche des Lebens hinein und somit auch in die theatralische Darstellung; der Wert der Rollenverstärkung durch einen Co-Therapeuten als Double liegt unseres Erachtens in der Angst-Bewältigung, in der Möglichkeit für den Patienten, sich „anlehnen" zu können; nicht das So-Sein dieses Co-Therapeuten ist jetzt wichtig, sondern vor allem sein Da-Sein.

Ein weiteres wirksames Requisit des Psychodramas ist der *Monolog.* Er kann verschieden gestaltet werden; etwa am Beginn der Sitzung zur Einführung in die einzelne Darstellung als „warming up". Der Patient erzählt einfach, wie „es" sich abspielt; in unserem Fall etwa, was sich nach dem Schulbesuch zu Hause alles zuträgt. Der Monolog kann aber auch inmitten der psychodramatischen Aktion als Ausbruch der betreffenden Persönlichkeit wirksam eingesetzt werden; alle Zweifel, Gedanken, Gefühle, Zwiespältigkeiten und inneren Kämpfe werden gleichsam durch den inneren

Vulkan der Alleinrede zu Tage gefördert und ausgesprochen. Bei gehemmten und ängstlichen Menschen wird solch ein Monolog zunächst mehr in Form des altbekannten „Beiseitesprechens" oder „Für-sich" gestaltet sein, bei hypomanisch-hysteriformen Patienten wird der Text von dementsprechenden Gebärden und Gesten begleitet sein. Mancher Monolog wird vom Wort her sehr aufschlußreich sein und nicht geahnte Einblicke in die Tiefen der betreffenden Persönlichkeit eröffnen, mancher wiederum nur das altgewohnte Lamento einer aufgeregten, aber nicht aufregenden Person darstellen. Zu manchem Monolog wird ein einleitendes Zwiegespräch hinführen, mancher Monolog die szenische Darstellung vorübergehend ersetzen. Ohne Zweifel ist er immer als eine außerordentliche Leistung einer Persönlichkeit einzuschätzen, in welcher sich deren Reife manifestiert. Dies wird besonders deutlich, wenn der Patient eine psychodramatische Sitzung mit einem Monolog beschließt. Der Monolog am Ende einer solchen Behandlungsstunde oder einer Reihe von psychodramatischen Übungen kann meist als ein Therapieerfolg angesprochen werden. Der Betreffende ist eben imstande, seine Situation zu verbalisieren, sich ihr allein gegenüberzustellen und „im Wort zu bleiben" bzw. „sein Wort zu halten".
Auch der Monolog kann durch einen Co-Therapeuten „gedoubelt" werden, so daß man von einem *„Doppel-Monolog"* sprechen kann. Wieder wird das Moment der Bestärkung besonders wirksam sein, wie es z. T. beim Effekt des Souffleurs zu beobachten ist. Der Co-Therapeut dient sozusagen als „Starter" und treibender „Motor" für die Passage, welche der Patient zum Ausdruck bringen will, er fordert diesen immer wieder heraus, er läßt ihn nicht allein, er bleibt mit ihm in geheimer Zwiesprache bei gleichem Text.

### 3. Non-verbale Methoden szenischer Interaktion

Wir haben uns bisher mit verschiedenen, rein formalen Interaktionsmöglichkeiten des Psychodramas befaßt, deren Schwergewicht ausschließlich in der verbalen Auseinandersetzung liegt. Man muß aber auch nach den *non-verbalen* Methoden der szenischen Interaktion fragen. Sie sind zahlreicher und in ihrer Effektivität wirksamer, als man im allgemeinen glaubt. Ihr Wirkungscharakter liegt vor allem in der Bekräftigung der eigenen Persönlichkeit im zwischenmenschlichen Spannungsfeld.
Am häufigsten sind *Bewegungsspiele,* denen eine Wettkampfsituation zugrunde liegt, wie sie jederzeit vorkommen kann als Korrelation zu dem in der realen Lebenssituation Möglichen. Zur Illustration diene folgendes Beispiel: Ein gehemmtes Kind, das Mühe hat, sich gegenüber den älteren

Geschwistern durchzusetzen, erhält folgende Instruktion: Es sei angenommen, es wartet mit zwei Schulfreunden (Co-Therapeuten) vor der Schulbusstation. Der Bus fährt ein, es sind aber nur noch zwei Plätze frei, welche in Form von zwei Stühlen markiert sind. Es entwickelt sich also ein echter Wettstreit um die freien Plätze zwischen den drei „Schulkindern". Solchen Situationen, bei denen das Hauptgewicht auf der Vorstellung liegt, können ähnliche „in vivo" folgen: Dasselbe Kind erhält den Auftrag, sich bei der Haltestelle oder im Kaufhaus vorzudrängen. Es wird nun von zwei Co-Therapeuten in die geforderte Position gebracht, ermuntert, und dann beobachtet, wie es sich nun sich selbst überlassen verhält. Man wird die Auswahl der „Bewährungsszene" je nach dem Zielsymptom richten, verängstigte Kinder allmählich „desensibilisieren", hemmungslosen Kindern dagegen eine größere Selbstkontrolle nahelegen. Auch hier werden sich therapeutisch so einfache Szenen wie die an der Autobushaltestelle — in der Vorstellung oder in vivo — anbieten: Man wird ein zur Hemmungslosigkeit neigendes Kind dafür belohnen, daß es jemand anderem den Vortritt läßt und dabei riskiert, den gewünschten Sitzplatz einzubüßen usw.
In der *Pantomime* wird alles darauf ankommen, inwieweit eine motorische Bewegung beherrscht, ein einzelner Bewegungsablauf aus vielen möglichen herausgearbeitet und mit unerhörter, beinahe „abstrakter" Präzision vorexerziert wird. Die Pantomime erlaubt einmal Einblicke, wie ein Kind eine Situation erlebt, bietet also diagnostische Ansatzmöglichkeiten. Darüber hinaus ist sie von unerhörter therapeutischer Wirksamkeit, da sie die Beherrschung des eigenen Körpers, der eigenen Muskulatur vermittelt und somit das Selbstgefühl beträchtlich stärken kann. So kann die pantomimische Darstellung einer Achtjährigen, wie sie ihrem „Mann" und ihren „Kindern" das Mittagessen serviert, darüber Aussagen machen, inwieweit sich die Kleine in der Rolle der Hausfrau wohlfühlt, sie die Identifikation mit der Mutter also vollziehen kann. Gerade dem nicht-verbalen „So tun als ob" kommt ein großer Aufforderungscharakter zugute, dem es zu verdanken ist, daß auch motorisch gehemmte, zwanghaft-ängstliche Menschen plötzlich unauffällig „gekonnte" Bewegungsabläufe vollziehen. Eine Voraussetzung ist allerdings die Fähigkeit zur muskulären Entspannung. Daher wird es manchmal notwendig sein, vor dem Spiel der Pantomime eine der gängigen Entspannungsübungen, wie die „progressive Relaxation" (nach Jacobson[7]) oder Übungen des „autogenen Trainings" (nach J. H. Schultz[8]), durchzuführen.

---

[7] *Jacobson, E.:* zitiert nach *Schultz, J. H.:* s. Anm. 8
[8] *Schultz, J. H.:* Das autogene Training, Stuttgart: Thieme 1966

Die Pantomime führt uns zur Bedeutung der *Gestik* als non-verbale Interaktionsmöglichkeit im Psychodrama. Allein schon die Möglichkeit, sich motorisch betätigen zu können, ist für die Entwicklung des kindlichen Ichs wichtig, wie sich gerade dort zeigt, wo diese Bewegungsfreiheit durch äußere oder in der Physis des betreffenden Kindes gelegenen Gründe eingeschränkt wurde. *Motorik* ist eine Art des Selbsterlebnisses und der Selbstbestätigung. — Im Psychodrama wird es nun nicht nur darauf ankommen, übertriebene Gestik einzudämmen, verarmte Motorik zu bereichern, sondern vor allem sie richtigzustellen. Besonders der Neurotiker tendiert dazu, „Signale" falsch zu geben oder sie falsch aufzufassen. Er mißversteht z. B. die einladende Geste des Autofahrers, der anhält, um passieren zu lassen und kommt dann zu Schaden; er wird in der Schule gerügt und lächelt aus Angst dem Lehrer offen ins Gesicht, der daraufhin prompt das Strafausmaß verschärft; solcher Art können neurotische Übersprungshandlungen und -gesten sein, die alltäglich vieler Menschen Los entscheiden, weil diese nicht imstande sind, ihre Einstellungen in eindeutiger Weise kundzutun. Es eröffnet sich hier noch ein weites Feld für die Therapie mittels Psychodrama. Es gilt nicht nur, den Mut zur (richtigen) Geste zu fördern, gehemmte Motorik zu „enteisen", es geht darum, daß viele — auch junge — Menschen noch immer in entscheidenden Situationen ihre Gestik und körperliche Haltung (nicht nur die geistige!) korrigieren und in eine völlig vertrackte Verspannung geraten, anstatt auch in ihrer körperlichen Haltung auszuleben, was sie im Grunde meinen. Hier kann man eine der Einbruchspforten psychosomatischer Leiden konstatieren. Das Scharren von Schülerbeinen, das Versickern und Sich-Glätten vieler markanter und eindrucksvoller Gesten (selbst bei guten Schauspielern läßt sich dies beobachten) sind nur einige Beispiele für das Unvermögen, Spannung „durchzustehen", und für die zumeist angstbedingte Korrektur des Ausdrucks.

Von der Beherrschung der Körpermuskulatur im allgemeinen zu der der *Sprechwerkzeuge* ist nur ein kleiner Schritt, und so werden im Psychodrama nicht zuletzt auch phonetische Probleme laut. Es kommt sehr viel darauf an, daß das heranwachsende Kind nicht bloß entspannt sprechen kann, sondern auch erfahren hat, welche Wirkung von einer leise eindringlichen Rede ausgeht, was es bedeutet, rasch und bestimmt zu sprechen, welchen Erfolg eine laute und langsame Sprache nach sich zieht. Wir sind hier inmitten von Fragen, welche sich in einer normalen Erziehungssituation zumeist deswegen nicht stellen, da durch die gelungene Identifikation mit einem Elternteil oder einem Lehrer (Erzieher) ein Großteil dieser Probleme nicht bewußt wird. Man sollte aber nicht nur orthographisch richtig, kalligraphisch schön und stilistisch gut schreiben lernen, sondern auch um die Effekte und

Wirkungsmöglichkeiten der eigenen Sprache als Sonderfall der körperlichen Ausdrucksbewegung im allgemeinen wissen.
Nicht zuletzt soll auch der *Schauplatz*, an welchem die psychodramatische Aktion abläuft, besprochen werden; vor allem soll es hier auf die räumliche Distanz der Dialog-Partner ankommen. Von der unmittelbaren körperlichen Berührung, wie sie auch bei vielen „belanglosen“ Kinderspielen bedeutsam ist, bis zu großen Abständen zwischen den Partnern bietet sich ein weiteres Variationsfeld, in welchem Aggressionsausbrüche hervorgerufen wie abgeschwächt, Demutshaltungen provoziert oder vermieden werden können; die rein örtliche Distanz der Partner zueinander kann das psychische Spannungsfeld beträchtlich verändern. Neben der horizontalen Beziehung darf die vertikale Achse, das „höher als“ — und „niedriger als“ — nicht außer acht gelassen werden. Die räumliche „Erhöhung“ einer Person, die aus in der Psychodynamik liegenden Gründen dazu neigt, sich zu unterwerfen und zu erniedrigen, kann ganz wesentlich zur Entwicklung und Festigung eines Standpunktes und einer Haltung beitragen. Ebenso wird auch einer Persönlichkeit, die von vornherein immer wieder einen überhöhten Standort einnimmt, im Laufe der psychodramatischen Sitzungen klar werden müssen, was sie im Grunde auf das Podest hinauftreibt: der Ehrgeiz, höher zu stehen als die anderen, die Unfähigkeit, von der gleichen Basis auszugehen, oder die Angst zu unterliegen. Auch die *Kleidung* des Protagonisten wird eine Rolle spielen.

### 4. Besprechung des psychodramatischen Spiels

Den Abschluß jeder psychodramatischen Sitzung bildet eine Besprechung des therapeutischen Teams mit dem Protagonisten. Wie zu Beginn werden auch jetzt wieder die einzelnen „Schlüsselszenen“ diskutiert, die Darstellung interpretiert, die bereits vollzogene Verhaltensänderung einer kritischen Stellungnahme unterzogen, die noch erforderlichen Rollenvariationen erörtert. Wichtig ist, daß auch die Verhaltensänderung außerhalb der psychodramatischen Sitzung berücksichtigt wird. Auf unser Beispiel bezogen heißt dies, was traut sich der junge Mann bereits zu, wie kann er sich des ihn hemmenden Einflusses der Mutter entziehen, zu welchen Leistungen ist er schon bereit; auch das Verhalten der Mutter wird besprochen. Das Schwergewicht dieser Teamarbeit wird aber auf der Erörterung der szenischen Darstellung liegen, auf Fragen wie: Welche Details fallen besonders auf, sind wirklich „Schlüsselszenen“ probiert worden (am Beispiel unseres jungen Mannes also nicht etwa Szenen aus der Schule oder mit Freunden, sondern tatsächlich diese wichtigen Auseinandersetzungen mit der Mutter), war das

Verhalten des Patienten schon so gestaltet, daß er sich selbst akzeptieren kann, wo sieht er etwa noch offengebliebene Auseinandersetzungsmöglichkeiten, Schauplätze und Konfrontationsebenen, die noch unberührt geblieben sind usw.?
In dieser nicht-szenischen Teamarbeit, die einem Spiel folgt und/oder dem nächsten vorausgeht, in welchem sowohl der erlangte Erfolg als auch die dabei entscheidenden szenischen Mittel erörtert und die nächsten therapeutischen Schritte überlegt werden, gibt der Patient Zeit und Norm an; er ist derjenige, auf den die psychodramatische Therapie zugeschnitten ist, er entscheidet, und alle Therapeuten um ihn stehen, wie dies Weizsäcker einmal ausgesprochen hat, mit ihm „in der Entscheidung". Der Patient bleibt der Protagonist und alle Therapeuten sind ihm Helfer, „Hilfsegos" (Moreno); er hat im Grunde sein eigener Regisseur zu sein, und auf ihn ist die Hierarchie der Aktionen abgestimmt.

**5. Die psychointegrative Ausdruckseinheit als Ziel der psychodramatischen Therapie**

Diese „Bausteine", die wir eben erörtert haben, sind nun nicht allein für das Psychodrama typisch oder spezifisch; sie stellen Elemente jeder dramatischen Ausdrucksmöglichkeit dar. So gibt es auch im Kindertheater Dialog, Rollentausch, Rollenwahl usw.; Autor, Regisseur und Schauspieler sollten sie überlegt und auf ihr spezifisches Publikum bezogen anwenden.
Im Psychodrama jedenfalls tauchen sie nicht zufällig und auf eine Allgemeinheit bezogen auf, sondern sind einem Gesamttherapieplan entsprechend auf ein Zielsymptom hin ausgerichtet, jenes nämlich, das sich in der psychogenen Entwicklung dieses einen Menschen als pathogen und/ oder pathoplastisch erweist. Dabei wird derjenige, der sich mit Psychodrama als einer Therapiemöglichkeit befaßt, eine eigene Technik entwickeln, dank welcher er durch eine gezielte Handhabung dieser „Bausteine" seine auf den Einzelpatienten abgestimmten, therapeutisch wirksamen Akzente zu setzen vermag.
Die Effektivität des Psychodramas wird aber nicht nur in einer gelungenen Handhabung dieser Technik bestehen, sondern darin, inwieweit es dem Team der Therapeuten gelingt, dem Patienten durch genaue Analyse seines Verhaltens und seiner Entwicklung zu ermöglichen, seine ersehnten Partnerbeziehungen zu realisieren — und zwar mit entsprechender Motorik, sprachlichem Ausdrucksvermögen und Beherrschung des interpsychischen Spannungsfeldes. Dazu ist notwendig, daß eine totale Integrität

von Selbstgefühl, körperlichem Ausdrucksvermögen und Schauplatz, der in die Aktion miteinbezogen wird, erreicht wird. Diese „psychointegrative Ausdruckseinheit“, in der Physis wie Psyche eines Menschen einerseits, Handlung und Sein, innerer wie äußerer Schauplatz andererseits in ein unentwirrbares „Daseinsmoment“ zusammenfallen, ist im Grunde das erwünschte „Kern-Moment“ einer psychodramatischen Therapie.

Wenn dieses „psychointegrative Ausdrucksmoment“ während einer psychodramatischen Sitzung nicht erreicht wird, so bleibt ihre therapeutische Effektivität fraglich. Denn es kommt allein darauf an, die Identität des Ichs in der Integration von Raum, Zeit und Bewegung zu manifestieren. Dies kann bereits in einer Handbewegung, in einem Schritt, in einem Wort realisiert werden. An diesem „psychointegrativen Ausdrucksmoment“ darf es, um mit Stanislawskij[9] zu sprechen, keine Viertelsekunde der Unklarheit geben, es muß sich, es kann sich nur um eine totale Integration aller im Augenblick verfügbaren Möglichkeiten handeln. In dem Unvermögen, das eigene Wesen an die Anwesenheit anderer Menschen und Dinge heranzutragen und die Anwesenden in das eigene Wesen aufzunehmen (in einem Moment existentieller Inspiration), begründet sich gerade mancher psychische Konflikt, manche psychische Fehlentwicklung und Krankheit, wie dies Zutt[10] einmal ausgesprochen hat, der die Grundstörung schizophrener Psychosen darin begründet sieht, daß der Patient seine Wesenstendenzen in der aktuellen Situation nicht zum Ausdruck bringen kann.

Wie lassen sich nun die angeführten verbalen wie non-verbalen „Requisiten“ des Psychodramas zu solch einem „psychointegrativen Ausdrucksmoment“ konzentrieren? Welche Erfordernisse müssen erfüllt sein, damit der qualitative Sprung aus dem bausteinartigen Repertoire in das Kernmoment des Psychodramas überhaupt gelingen kann? Hier stellen sich zwei Probleme: das der zeitlichen Ordnung und Abfolge der beschriebenen Szenenpartikeln, ihre Häufigkeit wie die Häufigkeit ihrer Wiederholungen; zum anderen erweist sich als Problem, wie rasch die Annäherung an die als stärkstes Konfliktmoment erlebte, daher zumeist angstbesetzte Ur-Situation vollzogen wird, um die es im konkreten Fall im Psychodrama geht.

Es zeigt sich, daß bei der Bewältigung dieser beiden Fragen das Psycho-

---

[9] *Stanislawskij, K. S.:* Theater, Regie und Schauspieler, Reinbek: Rowohlt 1958

[10] *Zutt, J.:* Über verstehende Anthropologie. Versuch einer anthropologischen Grundlegung der psychiatrischen Erfahrung. In: Psychiatrie der Gegenwart, Band I/2, Berlin-Göttingen-Heidelberg: Springer 1963

drama Morenos unerwartet Schützenhilfe von den Ergebnissen der Verhaltensforschung und Verhaltenstherapie erhält. Man kann in einer psychodramatischen Sitzung von verschiedenen Szenenabläufen ausgehen; etwa mit einer Pantomime beginnen, dann zum Dialog und schließlich zur Rollenvariation übergehen, oder mit Bewegungsspielen einsetzen und einen Monolog fortführen oder überhaupt nur einen Monolog gestalten lassen: Immer aber wird sich ein Übungseffekt durch alle Projektionen und Identifikationen hindurch bemerkbar machen, ein Übungseffekt in der Darstellung, in der Konfrontation, in der Art sich selbst zu finden. Schon im einfachen Rollenspiel läßt er sich nachweisen. Ein kleiner Junge hat Angst, seinen Bruder, seinen Vater oder seinen Lehrer etwas zu fragen oder zu bitten. Er spielt die Szene immer wieder mit seinem Therapeuten als Partner durch, bis die angsterfüllten Vorstellungen vor dem Vortragen dieser Bitte soweit abgeklungen sind, daß er keine Scheu mehr zeigt, in der real gegebenen Situation zu fragen. Die ursprüngliche Angst wird durch das während solchen Rollenspiels durch Übung allmählich aufgebaute Erfolgsergebnis unwirksam gemacht. Wolpe, der Begründer der systematischen Desensibilisierung von Angstzuständen, hat diese Art des Rollenspiels zur Methode des „Behavior rehearsal" (Verhaltensprobe) ausgebaut[11].

Daß dieser Übungseffekt nicht bloß im herkömmlichen Sinne angelernt bleibt, sondern generalisiert die gesamte Persönlichkeit erfaßt, haben insbesondere die Untersuchungen von Simonov gezeigt[12]. Durch Messungen vegetativer Funktionen (insbesondere Pulsfrequenzmessungen) bei Schauspielern, die nach der Methode Stanislawskij ausgebildet waren und sich in einer bestimmten Modellsituation befanden, konnte er nachweisen, daß es nicht nur zu einer formelhaften Reproduktion des für die gestellte Aufgabe erforderlichen Tonfalls kam, sondern zu einer Reaktion mit vegetativen Funktionsmustern wie in natura. Um allerdings diesen Übungseffekt zu erreichen, ist ein sehr rigoroses Training erforderlich; also etwa zwei bis drei halbstündige psychodramatische Sitzungen pro Tag durch etwa 10 bis 20 Tage hindurch.

Das zweite wesentliche Moment für den Erfolg des Psychodramas besteht in der sukzessiven *Annäherung an die Konfliktsituation.* Dazu ist notwendig, daß wir eine „Konflikthierarchie" aufbauen, welche darin besteht, daß der Patient im Laufe der psychodramatischen Therapie schrittweise an die ihn am meisten belastende, ihn ängstigende und in Bestürzung versetzende

---

[11] *Wolpe, J.:* The Practice of Behavior Therapy, London: Pergamon Press 1969

[12] *Simonov, P. V.:* zitiert nach J. Wolpe

Situation herangeführt und mit ihr allmählich vertraut wird. Solche Hierarchien sind von der systematischen Desensibilisierung her bekannt. In den psychodramatischen Sitzungen werden wir deshalb an der Peripherie des psychischen Spannungsfeldes zu agieren beginnen und erst dann, wenn sich der Patient in der gegebenen Situation bewährt hat, ent-ängstigt und bestärkt genug ist, an zentraler gelegene Konfliktmomente herangehen. Andernfalls müssen wir nämlich gewärtig sein, daß eine zu brüske Konfrontation des Patienten mit seinem eigentlichen Konfliktstoff eine Abwehrhaltung hervorruft, an welcher jeder weitere Therapieversuch zu scheitern droht.

Aus übender Selbsterfahrung, welche in immer neu bewältigten Situationen bereichert und bekräftigt wird (im Sinne positiver Rückmeldungen, eines positiven feedback), wird schließlich eine geänderte Verhaltensweise des Patienten resultieren; eine, die er selber wünscht. Bisher hat er in einer Art Vermeidungsverhalten aus seinem „Repertoire" ausgeklammert, wovor er z. B. Angst hatte oder wozu es ihm an genügender Zuversicht gemangelt hatte bzw. wozu ihm entsprechender Zuspruch von seiten seiner Umgebung versagt geblieben ist. Was jedoch der Patient in der Regel will, ist nicht nur die Möglichkeit zu einer Verhaltensänderung, sondern zugleich auch die Übertragung der Verantwortung dafür, d. h., er will seine eigene Selbstkontrolle. Dank der Arbeit von Kanfer[13] ist das Bedingungsgefüge bekannt, unter welchem derartige Änderungen der Selbstkontrolle vom Patienten akzeptiert werden können. Zunächst muß der Patient aus seinem geänderten Verhalten (also etwa aus den gespielten Situationen) eine größere Befriedigung erfahren als aus seinem bestehenden Vermeidungsverhalten; in unserem Beispiel des Knaben, der sich nicht zu fragen getraut, meint dies: Er erfährt schließlich aus der Tatsache, daß er die Bitte vorbringt, größeren persönlichen Zuspruch als aus dem Vermeiden der Frage überhaupt, aus dem Vermeiden der Angstüberwindung. Des weiteren muß der Patient zur Änderung seines Verhaltens hinreichend motiviert sein; und wenn es nur das Motiv ist, einmal gehört zu werden, auch einmal den Mund auftun zu dürfen.

Bald wird sich das Phänomen eines Regelkreises einstellen: Je weniger motiviert ein Mensch agiert, desto unsicherer wird er sein und vice versa: Je unsicherer er ist, desto weniger wird er sich zu einem Motiv entschließen können. Eine von ihm selbst akzeptierte Motivation wird ihn meist rasch bestärken.

---

[13] *Kanfer, F. H.; Phillips, J. S.:* Learning Foundations of Behaviour Therapy, New York: John Wiley & Sons 1970

Im Kindertheater begegnen wir der Möglichkeit, sich zu verwandeln, Projektionen auszuleben, Identifikationen einzugehen — Angebote der szenischen Verwirklichung, die durchaus im Sinne der Bestärkung und Selbstkontrolle wirksam sein können, jedoch nicht immer wirksam sein müssen. Dies hängt nämlich von der Persönlichkeit des Spielers ab. Im Psychodrama dagegen ist jede Aktion auf das Zielsymptom abgestimmt, auf die Ursituation („Urszene"), in welcher der Konflikt des Protagonisten begründet ist. In ihr entscheidet sich die Rollenwahl des Patienten, d. h. — um wieder zum Anfang zurückzukehren — die Wahl einer Funktion aus den gebotenen Verbindlichkeiten (Rollen) durch das betreffende Individuum. Für die Erarbeitung dieses Zielsymptoms, dieser Urszene, wie für das bewußte Durchspielen der Rollenwahl sind die Therapeuten mitverantwortlich.

## 6. Die Rolle des Psychodramaturgen

Wir sehen in der psychodramatischen Aktion eine Therapiemöglichkeit, die somit einem Psychotherapeuten vorbehalten ist. Die Aktionsmöglichkeiten eines solchen Psychodramaturgen werden unter Umständen über die eines herkömmlichen Psychotherapeuten hinausgehen. Denn er wird nicht nur Stellung gegenüber einem bestimmten Patienten beziehen müssen. Ein Psychodramaturg wird zumindest in dem oben angeführten Sinne des Reinforcements und der Erleichterung einer Motivation zu Handlungen anleiten müssen; er wird auch an weiteren Verwirklichungsmöglichkeiten des Psychodramas interessiert sein müssen; er wird nach immer neuen Schauplätzen für seine Patienten Ausschau halten, nach neuen Auseinandersetzungsebenen im zwischenmenschlichen Bereich. Er wird versuchen, als ein ständiger Spielerfinder neue Rollen zu kreieren.
Für den Patienten des Psychodramas wird es nicht mehr nur einen Schauplatz geben, sondern es muß ihm ins Bewußtsein dringen, daß er auf verschiedenen Ebenen agiert: etwa auf der, wo er der Beliebteste sein, oder wo er als der Tüchtigste gelten kann, oder wieder eine, wo man ihn als Prominentesten ansieht (nach L. F. Carter[14]); Schauplätze und Rollen, die ihn als den Aktiven, den Urheber von Aktionen herausstellen, solche, in denen er sich als Gefolgsmann gebärden kann, und wieder andere, in denen er als der Fachmann und Spezialist imponiert. Dieser Psychodramaturg wird sein ganzes Ingenium aufbieten müssen, um den Menschen immer neu zur Geltung bringen zu können, Schauplätze zu erfinden, welche den

---

[14] *Carter, L. F.:* zitiert nach Hofstätter, P. R.: Gruppendynamik, Reinbek: Rowohlt 1957

Fächer menschlicher Fähigkeiten erst ganz entfalten. Die Welt — so verstanden — wird nicht mehr als *ein* Schauplatz gelten, auf dem man *eine* Rolle spielt, sie wird als vielgeschossiger Bau dem Menschen eine Vielfalt von Verwirklichungsmöglichkeiten anbieten müssen. Die Aufgabe des „Psychodramaturgen" ist also, die bestehenden Entscheidungs- und Verwirklichungsebenen des Menschen immer wieder zu verändern und zu bereichern und um ein Vielfaches zu vermehren[15]. Zwangsläufig wird er damit Einfluß nehmen auf das Leben jedes einzelnen, wie dies etwa auch ein Architekt oder ein Arzt tut.

Wir stehen am Beginn dieser Therapie durch das Psychodrama. In ihm kann sich dem einzelnen eine neue Freiheitschance ebenso eröffnen wie die totale Unterwerfung unter die Manipulation durch eine Doktrin. Es muß die erste Sorge der Therapeuten bleiben, daß das Psychodrama als Modell der sozialen Wirklichkeit den Takt eines „gut getanzten und aus vielen verwickelten Touren komponierten englischen Tanzes" beibehält, von dem Schiller behauptet hat, daß er „das treffendste Beispiel der behaupteten eigenen Freiheit und der geschonten Freiheit des anderen"[16] darstellt.

[15] Das entspricht genau dem Claessens-schen Begriff der „Rolle auf Zeit". Sie ist „der Gegentyp gegen die — dauernde — Unterwerfungsrolle . . . ‚Rolle auf Zeit' ermöglicht den ‚Rollenlosen' oder rollenmäßig Unterprivilegierten, ihre alte Identität in der Zeitdimension zu unterbrechen." Aus: *Claessens, D.:* Rolle und Macht, München: Juventa 1970, S. 148 (Anm. der Hrsg.).

[16] *Schiller, F.:* Brief an Körner vom 13. 2. 1793

Arno Paul

# Theaterspiel mit Arbeiterkindern[1]

## Theorie und Praxis am Beispiel eines Versuchs an der Freien Universität Berlin

### 1. Struktur und Funktion „proletarischer Kindertheater" im Spätkapitalismus

Die sich in jüngster Zeit in der BRD verstärkenden Initiativen auf dem Gebiet des proletarischen Kindertheaters können sich auf keine Tradition berufen, sondern knüpfen im wesentlichen an W. Benjamins „Programm eines Proletarischen Kindertheaters" aus dem Jahre 1928 an[2], das zumindest für die sozialistische Erziehung in Deutschland kaum Folgen hatte[3]. Kern des Benjaminschen „Programms", das besser als „Plädoyer" zu bezeichnen wäre, bildet die Auffassung, daß nur das Medium „Theater" „das ganze Leben in seiner unabsehbaren Fülle" kindgerecht modellieren könne. Damit dürfte sich Benjamin auch in pädagogischer Hinsicht als seiner Zeit voraus erwiesen haben, denn diese Erkenntnis beginnt sich erst jetzt in Form des „Rollenspiels", vor allem im Experimentierfeld der Vorschule, durchzusetzen. Die Bemühungen um ein proletarisches Kindertheater in der BRD haben nichts gemein mit den gleichzeitigen Erneuerungsbestrebungen staatlich subventionierter oder privatwirtschaftlicher Kindertheaterunternehmungen. Während diese trotz aller gegenteiligen Behauptungen in erster Linie an der Wahrung und Besserung der eigenen Existenzbedingungen interessiert sind und nur in diesem Zusammenhang die Bedürfnisse der Kinder und Jugendlichen zur Kenntnis nehmen, wobei sie bestenfalls bereit wären (denn unternommen haben sie noch nichts!), einige marginale Bildungs- und Erziehungsdefizite zu stopfen, ohne an deren polit-

[1] Dieser Beitrag ist die Neubearbeitung eines Aufsatzes, der unter dem Titel „Ärger mit Aschenputtel" in „betrifft: erziehung", Nr. 9/71 erschienen ist.

[2] Abgedruckt in: *Benjamin, W.:* Über Kinder, Jugend und Erziehung, Frankfurt a. M.: Suhrkamp, es 391, 1969, S. 76—86

[3] Vgl. dagegen seine Berücksichtigung in der Sowjetunion durch *Asja Lacis;* abgedruckt in: „Alternative", Nr. 70/1970, S. 10—18

ökonomische Ursachen zu rühren[4], geht das proletarische Kindertheater einzig und allein von den vorfindlichen Interessen und Fähigkeiten der Kinder aus, ohne ihnen dabei jene mittelstandsorientierten, formalistisch getarnten Maßstäbe wie „Kreativität“ oder „Autonomie“ anzulegen, sondern derartigen Qualifikationsmerkmalen nur im konkreten Lebenszusammenhang der Kinder einen persönlichkeitsfördernden Stellenwert einzuräumen. Keine Kreativitätsförderung also ohne unmittelbare Ich-Stärkung der Kinder; keine Autonomisierung, die nicht auch gleichzeitig auf die notwendige Solidarität unter den sozial benachteiligten, als Einzelne den Institutionen hilflos ausgelieferten Kindern zielt! Das proletarische Kindertheater, wie es in der spätkapitalistischen BRD langsam Form gewinnt, begreift sich gegenüber den primären und sekundären Sozialisationsbereichen „Familie“, „Schule“, „Straße“ als tertiäre Sozialisationsagentur, deren Ziel darin besteht, Kindern und Jugendlichen derjenigen lohnabhängigen Bevölkerungsklasse, die in einem arbeitsteilig organisierten Produktionsprozeß zur Selbstverwertung des Kapitals beitragen und deren lebendige Arbeitskraft damit objektiv ausgebeutet wird, ihre tatsächliche Stellung im kapitalistischen System bewußt zu machen und sie in die Lage zu versetzen, sich gegen ihre diskriminierenden und repressiven Sozialisationsbedingungen zu behaupten, deren Ursachen zu erkennen und zu bekämpfen. Zur Klasse der für das Kapital produktiven und damit notwendigerweise sozial benachteiligten, politisch unterdrückten und ideologisch bevormundeten Lohnabhängigen gehören also nicht nur die den Gegenstand der Arbeit unmittelbar verändernden Werktätigen, sondern auch jene vom Eigentum an den Produktionsmitteln ausgeschlossenen, im Dienstleistungs- und Zirkulationsbereich Beschäftigten, sowie die Techniker und Wissenschaftler, auf die die obengenannten Kriterien zutreffen.
Um systemverändernd zu wirken, muß das proletarische Kindertheater zunächst einmal seine eigenen Strukturen verändern, nämlich die sich antagonistisch gegenüberstehenden theatralischen Produktions-, Distributions- und Rezeptionsverhältnisse. Ausgehend von den Benjaminschen Thesen müssen dazu die folgenden Voraussetzungen erfüllt werden: Nicht die Kinder sind für das Theater da, sondern das Theater für die Kinder. Theater ist weder Ergebnis noch Selbstzweck spielerischer Unternehmungen, sondern ein in seinen Möglichkeiten zu prüfendes Mittel zur qualitativen Veränderung außertheatralischer Zustände. Ziel ist also nicht die

[4] Vgl. die „Studie zum Kinder- und Jugendtheater“ des Deutschen Bühnenvereins, Köln 1971

Aufführung, sondern die Emanzipation ihrer Produzenten, zu denen Schauspieler und Zuschauer gleichermaßen rechnen. Damit soll nicht einer von Künstlern und Intellektuellen gern strapazierten „Revolution im Überbau“ das Wort geredet werden. Weder durch Theater noch durch irgendwelche anderen Kunst-, Bildungs- oder Erziehungsmedien lassen sich die Produktionsverhältnisse als die materielle Basis der Gesellschaft strukturell verändern. Was das Theater jedoch als Teil menschlicher Lebenstätigkeit wesensgemäß vermag, ist zur Lust auf Veränderung der Verhältnisse beizutragen. Theater kann wie kein anderes ästhetisches Medium das Verhalten von Menschen zueinander zeigen; nicht nur dasjenige der vorgestellten Figuren (dazu sind auch andere Medien wie Film, Fernsehen, Bild und Literatur grundsätzlich in der Lage), sondern gleichermaßen das zwischen Künstler und Publikum; ja Theater besteht spezifisch nicht aus einer wie und wem auch immer gebotenen „Aufführung“, sondern aus der dialektischen, raumzeitlichen Einheit derer, die etwas bieten und denen etwas geboten wird: beide sind zugleich sowohl Produzent als auch Produkt des anderen. Dieser entscheidende Tatbestand nimmt eindeutig Stellung gegen das arbeitsteilig entfremdete bürgerliche Theaterprinzip und fordert die dialektische Einheit von Produktion, Distribution und Rezeption:
Es gibt keine formalisierte, auf sich selbst beruhende Trennung von Schauspieler- und Zuschauerrolle.
Es gibt also auch keine Rampe, als räumliches Symbol dieser Trennung.
Es gibt keine von außen vorgeschriebene und unveränderliche Textvorlage.
Es gibt keine Hierarchie im Rollengeben und Rollennehmen.
Es gibt kein ad personam fixiertes Rollenspiel.
Es gibt keine Kompetenzbegrenzung zwischen Akteuren, Technikern und Ideologen.
Es gibt keinen äußerlich bedingten Proben- und Aufführungsplan, wodurch das Produkt den Schauspielern und Zuschauern als fremde Gewalt gegenübertreten und über sie bestimmen würde.
Alles was es gibt, ist der von den Akteuren gemeinsam angestrebte sinnliche Dialog, mit der Absicht, Selbstwertgefühl und Solidarität lustvoll am anderen zu erfahren, als der Voraussetzung für einen Sozialisationsprozeß, der seinen Beteiligten nicht nur die historisch-gesellschaftlichen Bedingungen ihrer realen und vermeintlichen Abhängigkeiten vermittelt, sondern sie überhaupt erst dazu qualifiziert, diese Erfahrung im emanzipatorischen und d. h. klassenkämpferischen Sinne verarbeiten zu können. Aus dem bloßen Faktum kapitalistischer Widersprüche ergibt sich nicht zwangsläufig deren Überwindung; wie es auch nicht genügt, das Bedürfnis auf Ver-

änderung zu haben, sondern es bedarf ebenso bewußt und gezielt handelnder Subjekte, die dazu mit den notwendigen persönlichen und sozialen Qualifikationen versehen sind[5]. Spätestens hier wird es nötig, auf Subjekt und Objekt dieses Sozialisationsprozesses, das Unterschichtkind, kurz einzugehen. Trotz aller ideologischen Spiegelfechtereien der Apologeten einer „pluralistischen" Gesellschaftsordnung kann es keine Zweifel darüber geben: das verlassenste und unterdrückteste Geschöpf dieser „Chancengleichheit" lauthals verkündenden und lautlos verhindernden Gesellschaft ist das proletarische Kind. Von Geburt an ist es allseitiger Entbehrung und Domestizierung ausgesetzt, indem es nicht nur vom Genuß der materiellen und geistigen Güter des technischen und wissenschaftlichen Fortschritts so gut wie ausgeschlossen bleibt, sondern in allen Lebensbereichen, sei es im Elternhaus, in der Schule, auf der Straße (als dem ihm bezeichnenderweise zugewiesenen „Spielraum") oder bei der Berufswahl und -ausbildung an der Entfaltung seiner Fähigkeiten und Bedürfnisse massiv gehindert wird.

## 2. Voraussetzungen und Ziele „kompensatorischer Erziehung"

Das proletarische Kindertheater hat also davon auszugehen, daß sich die politökonomischen Widersprüche zwischen Lohnarbeit und Kapital, d. h. zwischen denjenigen, die den gesellschaftlichen Reichtum produzieren und denjenigen, die ihn sich aneignen, bereits im frühesten Lebensstadium auf den Menschen auswirken und die Entwicklung seiner Persönlichkeit bestimmen. Aus dieser, auch von bürgerlicher Seite wissenschaftlich erhärteten Tatsache (vgl. die Arbeiten Mollenhauers, Oevermanns, Bronfenbrenners, Neidhardts u. a.), lassen sich klare Formen und Inhalte kompensatorischer Kindertheaterarbeit ableiten, wobei zu betonen ist, daß mit „Kompensation" nicht jenes psychoanalytische Moment der Ersatzbefriedigung unerfüllter Triebansprüche gemeint ist, auf das sich mehr oder minder uneingestanden auch die auf den Vorarbeiten Bernsteins und Oevermanns aufbauenden, staatlich geförderten Konzepte „kompensatorischer Erziehung" beziehen, indem sie statt der objektiven Aufhebung der antagonistischen Produktionsverhältnisse die subjektive Überwindung von

[5] Vgl. dazu *Bernfeld, S.:* Sisyphos oder die Grenzen der Erziehung, Frankfurt a. M.: Suhrkamp 1967; darauf bezugnehmend: *Wolff, R.:* Erziehung ohne Zwang? In: betrifft: erziehung, Nr. 9/1970, S. 34—38; *Nyssen, F.:* Politische Erziehung im Vorschulalter. A. a. O., Nr. 1/1971

Kommunikationsbarrieren anstreben; Barrieren, die überdies nicht nur die kognitiven und sozialen Fähigkeiten derer blockieren, denen man „sprachfördernd“ helfen will, sondern ebenso das Bewußtsein und die soziale Kompetenz jener Helfer selbst beeinträchtigen, denen es trotz ihrer „elaborierten“ Sprache erwiesenermaßen schwer fällt, die sozialen Ungleichheiten des kapitalistischen Systems in einen politökonomischen, gesellschaftlich gewachsenen und materiell bedingten Zusammenhang zu bringen und daraus die geschichtlich möglichen und notwendigen Konsequenzen zu ziehen. Nicht darum kann es gehen, an den Symptomen und Folgen der Ungleichheit und Ausbeutung herumzukurieren, sondern die Unterschichtkinder müssen vor allem mit den Ursachen dieser Entwicklung konfrontiert werden, um mit Hilfe des ihnen kompensatorisch vermittelten strategischen Handlungsvermögens gegen ihre sozioökonomisch bedingte Ausgangsposition vorgehen zu können. Wie dieser letzte Schritt zu leisten ist, läßt sich aufgrund mangelnder Erfahrung heute noch nicht angeben. Soviel läßt sich jedoch sagen, daß dadurch kein „Kinderkreuzzug“ entfesselt werden soll, wie er gelegentlich in den Köpfen radikalisierter Erziehungstheoretiker herumspukt. Vielmehr ist dieser Emanzipationsprozeß an den konkreten täglichen Problemen der Kinder festzumachen und anhand der den Kindern unmittelbar zugänglichen Mitteln voranzutreiben. Daraus wird klar, was in einem solchen Kindertheater vordringlich behandelt werden muß: Zunächst gilt es, den sozioökonomischen Status der Eltern als Angehörige der mehrwertproduzierenden, lohnabhängigen Klasse szenisch zu vermitteln. Danach sind die psychischen Auswirkungen dieses Status gerade im Hinblick auf die Familie zu veranschaulichen; ebenso wie die familiären Einflüsse der verschiedenen staatlich sanktionierten Instanzen wie Schule, Kirche, Justiz, Massenmedien, Polizei, Behörden, Militär usw. Schließlich hat das Theater nach den Veränderungsbedingungen dieser Ausgangslage zu fragen, um sie dann gleichermaßen sinnlich erfahrbar zu machen. Durch seinen so bestimmten Inhalt ist auch die Form des kompensatorischen Arbeiterkindertheaters determiniert. Nicht mittels eines an bürgerlichen und damit klassenfeindlichen Wertmaßstäben orientierten gestischen und sprachlichen Kodes sollen die Kinder die sie und ihre Klasse betreffenden Widersprüche spielerisch artikulieren und aufheben, sondern ihrem Spiel muß notwendigerweise jener „dürftige“, „unfertige“ und „starre“ Kode zugrundeliegen, mit dem sie durch ihre bisherige Sozialisation versehen wurden. Nur ein solches Kindertheater kann systemüberwindende Strategien verfolgen, das seinen Akteuren ihr klassenspezifisches Zeichenrepertoire nicht vorderhand abdressiert, sondern diesem einen neuen und d. h. politischen Gehalt gibt.

Denn der Akzent liegt auf der adäquaten Bewältigung konkreter Lebenssituationen und nicht auf deren angemessener Symbolisierung[6].
Damit wird keineswegs die „Umfunktionierung" des Theaters in einen trockenen Schulungskurs angestrebt. Klassenbewußtsein vermittelndes Theater hat sich an der großen und langen Tradition der Volkskunst zu orientieren, deren entscheidendes Merkmal darin besteht, daß sie im Gegensatz zur Kunst der Elite die Einheit von Lust- und Realitätsprinzip verfolgt, der sie stets dann am nächsten kam, wenn sie an der Seite der historisch revolutionären Klasse kämpfte. Nur über den Genuß wird Kunst zur gesellschaftlichen Produktivkraft, nur über die produktive Tätigkeit kann Kunst Genuß bereiten. So besehen ließe sich der emanzipatorische Charakter des proletarischen Kindertheaters daran messen, inwieweit es die Lust am Spiel mit der Lust auf Veränderung zur Deckung bringt.

### 3. Erscheinungsformen der Märchenwelt und ihre ideologische Funktion

Nachdem hinlänglich deutlich wurde, daß als Spielvorlage nur der reale Lebensbereich der Kinder dienen kann, scheint sich die Frage nach Legimität und Wert von Märchenspielen im Rahmen eines emanzipatorischen Kindertheaters von selbst zu beantworten. Doch entspräche das einer undialektischen, ahistorischen Vorgehensweise. Vielmehr ist zu beachten, daß die Märchenwelt gerade im Unterschichtmilieu aufgrund ihrer Unveränderbarkeit, Fraglosigkeit, Hermetik und Geschichtslosigkeit, ihrer Wiederholungszwänge, Stereotypen- und Attrappenhäufung, ihrer passivistischen, privatistischen und eindimensionalen Betrachtungsweise bei der kindlichen Sozialisation eine nicht zu unterschätzende Rolle spielt. Besonders abträglich ist dabei, daß den Kindern die Märchen nicht mehr durch die eigenen Familienangehörigen vermittelt werden, sondern durch die professionellen Ideologen von Fernsehen, Rundfunk, Presse und Theater; Leuten also, die ein existentielles Interesse daran haben, Kindern eine Welt vorzustellen, die mit ihren wirklichen und für sie bedeutsamen Problemen nur insofern etwas zu tun hat, als die Märchenwelt entweder von diesen Problemen überhaupt ablenkt oder sie von vornherein in ein falsches Licht stellt.

---

[6] Vgl. dazu die Überlegungen *Becks* und *Bergs* im Rahmen des Offenbacher Sprachförderungsprojekts; abgedruckt in: Ästhetik und Kommunikation, Nr. 2/1970, S. 22—31

Begründet wird diese schamlose oder zumindest gedankenlose Ausnutzung frühkindlicher Unvoreingenommenheit, Arglosigkeit und Hilflosigkeit mit einer vorgeblich apriorischen, kindspezifischen Märchenaffinität, wobei man tunlichst unterschlägt, daß die Kinder ja erst ab einer ganz bestimmten Sozialisationsstufe, nämlich in der krisenhaften Phase der Über-Ich-Bildung zur Märchenrezeption verstärkt neigen, wobei eben diese Neigung einerseits aus der Unkenntnis anderer triebkompensierender Phantasieträger, andererseits aus den bereits ansozialisierten Ängsten und Versagungen resultiert, denen das Märchen mit seiner anheimelnden Unheimlichkeit gleichzeitig entgegenkommt und abhilft. Aber auch die Märchengegner zielen in der Mehrzahl in die falsche Richtung, indem sie den Märchen und ihren Kolporteuren zwar zu Recht vorwerfen, sie wollten den Kindern eine „heile Welt" vermitteln, die Polemik aber nur allzuleicht von den Märchen selbst abwenden, um das Bedürfnis nach „heiler Welt" als solches in Frage zu stellen. Nicht dieses gilt es jedoch anzuprangern, sondern vor allem das, was die bürgerliche Ideologie darunter versteht. So ist ja z. B. die Märchenwelt alles andere als „heil"; vielmehr bietet sie dem Unheilvollen, Irrationalen, Bornierten, Regressiven, Pathologischen und Zerstörerischen ein gut getarntes Rückzugsgebiet, in dem es überdauern und neue Kräfte sammeln kann.

Nun könnte der Eindruck entstehen, als wäre es vordringliche Aufgabe jedes „kompensatorischen" Kindertheaters, mit den Märchenklischees und ihren gegenaufklärerischen Tendenzen aufzuräumen. Das erweist sich aber nur dann als notwendig, wenn die Märchenwelt von den Kindern nachweislich Besitz ergriffen hat und einer fruchtbaren Auseinandersetzung mit den sie konkret belastenden gesellschaftlichen Widersprüchen im Wege steht.

## 4. Ein Vier-Phasen-Plan zur Spielgestaltung

Wie und in welchem Rahmen soll sich aber das Theater mit dem etwaigen Märcheneinfluß auf die Kinder auseinandersetzen? Eine allgemeinverbindliche Methode kann dazu nicht angeboten werden. Im Falle des vom Theaterwissenschaftlichen Institut der Freien Universität Berlin im Herbst 1970 für ein halbes Jahr in einem Neuköllner Jugendfreizeitheim eingerichteten Kindertheaters, das wir im weiteren untersuchen wollen, wurde die Märchenproblematik im Rahmen eines Perspektivplans behandelt, der von den Projektteilnehmern in Zusammenarbeit mit dem „Kindertheater im Märkischen Viertel" erstellt worden war und dem vier Entwicklungsphasen des kindlichen Spiels zugrundelagen, auf die man teils durch empirische Befunde, teils durch spekulativen Vorgriff gekommen war. Dieser phasenorientierte Perspektivplan muß kurz umrissen werden, damit der Zusammenhang klar wird, in dem die nun zu behandelnde Märchenaufführung des Neuköllner Kindertheaters zu sehen ist.

a) Die *Reproduktionsphase:* Die Kinder reproduzieren zunächst ihre durch die gesellschaftlichen Widersprüche verkümmerten und deformierten Fähigkeiten und Bedürfnisse. Dadurch werden sie überhaupt erst instandgesetzt, sich zu artikulieren.

b) Die *Frage- und Erkennungsphase:* Im Zuge der immanenten Selbstdarstellung beginnen die Kinder die Faktizität ihrer Benachteiligung und Unterdrückung zu begreifen und nach deren Gründen zu fragen. Sie erfahren, daß es über ihre subjektiven, mehr oder minder zugewiesenen Interessen hinaus auch solche gibt, die sie als ihre objektiven, unmittelbaren und allgemeinverbindlichen Interessen begreifen müssen. Sie gewinnen Einblick in die politökonomische Stellung ihrer Klasse und in diejenigen gesellschaftlichen Prozesse, durch die ihre Klasse im Zustand der Ausbeutung und Abhängigkeit gehalten wird.

c) Die *Erprobungsphase:* In Form von Konstruktion und Kritik (trial and error) üben die Kinder strategisches Handeln, das sie zu einer Lösung der sie und ihre Klasse betreffenden gesellschaftlichen Widersprüche qualifiziert.

d) Die *Veränderungsphase:* Die spielerisch-progrediente Phantasie sucht ihre Befriedigung nicht länger in symbolischen Konfliktlösungsversuchen, sondern sie drängt auf die reale Auseinandersetzung. Konfliktüberwindung heißt dann, die Ursachen dieser Konflikte mit zu überwinden.

Die genannten Phasen sind nicht als chronologisch gegeneinander abgrenzbar zu verstehen. Sie dienen gewissermaßen nur als analytische Konstrukte und bilden in ihrer Gesamtheit ein dialektisches Verhältnis von gleichzeitiger Ungleichzeitigkeit. Das bedeutet für die Praxis, daß innerhalb der Spielentwicklung aufgrund bestimmter gruppendynamischer Konstellationen und exogener Einflüsse durchaus bereits eine Phase antizipiert werden kann, ohne daß die ihr vorangehenden Phasen entsprechend abgewickelt wären.

## 5. Das Neuköllner Theaterprojekt

Was das Neuköllner Kindertheater betrifft, so bewegte sich die Arbeit nahezu ausschließlich auf der Reproduktionsebene, wobei der von den Kindern vorrangig reproduzierte Erfahrungsbereich nicht wie erwartet aus dem unmittelbar und aktiv miterlebten Alltag stammte, sondern aus dem passiven und vermittelten Erleben einer Märchenwelt, wie sie den

Kindern vornehmlich durch das Fernsehen bekannt war. Höchstwahrscheinlich hatte die Art und Weise, mit der das Kindertheater an die Öffentlichkeit getreten war, dieser Tendenz Vorschub geleistet. Statt sich um eine durch die örtlichen Verhältnisse bereits vorstrukturierte Zielgruppe zu bemühen, hatte man die Zusammenstellung der Kinder dem Zufall überlassen, indem man in dem besagten Freizeitheim lediglich einen Anschlag gemacht hatte, der über die ausdrückliche Einladung zum Theaterspiel hinaus nur eine altersmäßige Spezifizierung (8—12 Jahre) enthielt. Die Kinder waren darum von vornherein mit der Verhaltenserwartung gekommen, Theater spielen zu können, wobei sich ihr Vorverständnis an derjenigen theatralischen Form orientierte, die ihnen die einzig geläufige war, nämlich das vor allem weihnachtlich stark verbreitete Märchenspiel und dessen Adaption durch das Fernsehen.
Die Arbeitsbedingungen, die sich das Neuköllner Kindertheater aufgrund seines unreflektierten und ungeschickten Starts selbst geschaffen hatte, waren dementsprechend ungünstig: man hatte es mit einer relativ zufälligen und heterogenen Kindergruppe zu tun, die einseitig auf das herkömmliche und realitätsferne Märchentheaterprinzip fixiert war und nahezu ausschließlich aus Mädchen bestand. Nach den üblichen Fluktuationserscheinungen der ersten gemeinsamen Treffen entstand eine relativ konstante Gruppe aus elf Kindern, unter denen sich lediglich zwei Jungen befanden: Birgit (11), Christine (9), Gabi (11), Irene (10), Marina (11), Marion (9), Petra (10), René (10), Sabrina (9), Sylvia (8), Wilfried (9). Noch während der Anlaufzeit zog Sabrina in einen anderen Stadtteil. Für sie kam eine weitere Sylvia (II), 10 Jahre alt, hinzu. Von seiten der Universität nahmen fünf Studenten, zwei Tutoren und der Verfasser dieses Berichts an dem Projekt teil. Da es für die Auswertung der einzelnen Sitzungen keine gemeinsam erarbeiteten, systematischen Beobachtungskategorien gab, darf die nun folgende Interpretation des Neuköllner Experiments nicht als eine von allen Projektteilnehmern gleichermaßen geteilte verstanden werden, sondern sie gibt — auf der Grundlage von Protokollen und Videobändern — im wesentlichen nur die Sichtweise des Verfassers wieder.
Für die Arbeit stand uns der Theatersaal des Freizeitheims einmal wöchentlich am Nachmittag zur Verfügung, dessen Guckkastenprinzip, extrem betonte Trennung von Bühne und Auditorium sowie relativ entwickelte Beleuchtungs- und Vorhangsmechanik die kindliche Neigung zum orthodoxen Theaterspiel verstärkte, wenn nicht sogar mitverursachte. Durch anspruchslose Gespräche und Gesellschaftsspiele wurde zunächst einmal der Kontakt zwischen den Kindern und den Erwachsenen hergestellt. Erste spielerische Verwandlungsakte entstanden mittels pantomimischer Situationsinter-

pretationen, deren Bedeutung von den Zuschauenden geraten werden mußte. Als besonders günstige Spielauslöser erwiesen sich flexible Gummimasken, die wir vom „Hoffmann's Comic Theater“ ausliehen und mit denen die Kinder ohne jede Anleitung oder Ermunterung lust- und phantasievoll untereinander kommunizierten.

Dennoch konnte dieser erste Entfaltungsversuch, durch den die Kinder ihr spielerisches und expressives Potential wie beiläufig erproben sollten, nur sehr begrenzt durchgeführt werden, weil von Anfang an eine kleine, aber energische Partei ihr Bedürfnis nach einer „regelrechten“ Aufführung unseren Intentionen entgegenstellte und sich durchzusetzen wußte. Es handelte sich dabei um zwei miteinander befreundete Mädchen, die schon einmal an einer Aufführung teilgenommen hatten und daraus ein Erfolgserlebnis gewonnen hatten, das sie zu wiederholen trachteten. Diese beiden Mädchen, Gabi und Irene, waren sichtlich um Dominanz in der Gruppe bemüht. Sie zeigten eine starke Affinität zu den scheinhaften Erlebniswelten von Film, Fernsehen und Theater und waren darauf aus, mit der Gruppe aktuelle Fernsehsendungen möglichst authentisch „nachzuspielen“. Zum genannten Zeitpunkt war im Fernsehen eine relativ aufwendige Version der „Schneekönigin“ gegeben worden, von deren Reproduktion wir die Kinder aber durch rationale Argumente abbringen konnten, indem wir sie auf unsere geringen Mittel und unzulängliche Erfahrung gegenüber einer derartig perfekten Vorlage hinwiesen.

Um ihren gestalterischen Bedürfnissen eine Vorlage zu bieten, die sie bewältigen konnten und deren Inhalt sich zur Herstellung realistischer Bezüge einigermaßen eignete, einigten wir uns mit den Kindern auf eine Theatralisierung des Märchens „Aschenputtel“. Die Entscheidung dafür wurde während eines Treffens spontan gefällt und gleich in die Tat umgesetzt, wobei Wert darauf gelegt wurde, daß sich die Kinder nicht durch das Original fremdbestimmen ließen, sondern aus sich heraus gesprächsweise die Fabel entwickelten. Im Anschluß daran diskutierten wir mit den Kindern über verschiedene Märchenstrukturen, die uns aus heutiger Sicht besonders fragwürdig erschienen, wie z. B. Aschenputtels Wundergläubigkeit, ihr schematisch-starres Verhältnis zu den Bezugspersonen Vater, tote Mutter, Stiefmutter und Stiefschwestern usw.; mit der Absicht, sie zu einem Vergleich von Märchen und Wirklichkeit zu provozieren. Während sie in diesem Zusammenhang durchaus auf Klischeevorstellungen verfielen und die realistische Ebene nur schwer herzustellen vermochten, zeichnete sich ihr anschließendes Spiel durch einen hohen Realitätsgehalt aus; ja, es abstrahierte konsequent von all jenen Momenten, die Zauber, Wunder und Unglaubwürdigkeit enthielten, um dagegen jene Szenen zu verdichten und auszugestalten, in denen die Kinder ihre eigene Erlebniswelt miteinfließen lassen konnten. Allerdings bemerkten sie, daß es durch die Berücksichtigung realistischer Anforderungen schwerer wurde, die Handlung der vorgegebenen Fabel entsprechend voranzutreiben, weil solche Szenen aufgrund ihrer Sinnlichkeit und kognitiven Einsichtigkeit die Tendenz hatten, sich zu verselbständigen.

Wie schon bei den vorangegangenen Spielen, gab es auch in diesem Fall kaum persönliche Probleme bei der Rollenverteilung, deren Prinzip darin bestand, die einzelnen Parts nicht ad personam zu fixieren, sondern sie zumindest von Aufführung zu Aufführung, wenn nicht schon beim Szenenwechsel, neu zu verteilen. Die Rollenvergabe nahmen die Kinder weitgehend unter sich vor, wobei sich allerdings relativ frühzeitig gewisse Anrechte herausgestalteten; nicht so sehr auf Kosten anderer, als aufgrund der Tatsache, daß sich gerade für die größeren und differenzierteren Rollen nur wenige fanden, die sie bereitwillig übernehmen wollten. Das betraf vor allem die beiden Jungen, die sich anfangs regelrecht weigerten, Rollen zu spielen, die verbalen Ausdruck von ihnen verlangten. Sie bevorzugten Partien, die ihnen die Möglichkeit motorischer Abfuhr boten und bei denen sie als bloße Funktionsträger von jeglicher Eigeninitiative befreit waren.

Wir setzten das Aschenputtelspiel über mehrere Sitzungen fort, ohne mit den Kindern eine öffentliche Aufführung zu verabreden. Im Gegenteil, wir versuchten auf diesen mehr oder minder unausgesprochenen Wunsch der Kinder möglichst nicht einzugehen, weil wir selbst im Rahmen der Reproduktionsphase die Entfremdungserscheinungen einer öffentlichen Vorstellung als Gefährdung unserer emanzipatorischen Ziele empfanden. Im allgemeinen verfuhren wir so, daß wir zu Beginn eines Treffens vorher besprochene Fragen an die Kinder richteten, die sie zu einer kritischen Auseinandersetzung mit dem Märchenstoff und seiner jeweiligen szenischen Interpretation veranlassen sollten. (Einige Beispiele: Frage: Warum hängt Aschenputtel mehr an ihrer toten Mutter als am lebenden Vater? Antwort: Weil der Vater meckert, schlägt, schlecht gelaunt ist und säuft. Frage: Können alle Mädchen, die Lust haben, auf den Ball des Königs gehen? Antwort: Nein, die armen nicht, weil sie keine schönen Kleider haben und nicht tanzen können. Frage: Warum können sie nicht tanzen? Antwort: Weil sie immer arbeiten müssen. Frage: Darf sich der Prinz ein Mädchen wählen, ohne es darum zu fragen? Antwort: Er ist Königsohn und darf sich alles erlauben. Frage: Findet ihr das richtig? Antwort: Ja. Frage: Würdet ihr ins Wasser springen, wenn es der Prinz verlangt? Antwort: Nein.) Danach zogen sich die Kinder zurück, verteilten unter sich die Rollen und legten umrißhaft Inhalt und Ablauf der einzelnen Szenen fest. Es hat uns immer wieder überrascht, wie gut sich die Kinder gerade im Anfangsstadium des Projekts, als sie sich noch ganz voraussetzungslos artikulierten, selbst regulierten und organisierten. Es war gewissermaßen so, daß eher die Erwachsenen von den Kindern soziale Verhaltensweisen lernen konnten als umgekehrt. Das darf jedoch nicht wörtlich genommen werden. Die relative Harmonie unter den Kindern, ihre punktuelle schöpferische Phantasie, entwickelten sich nicht aus der gleichberechtigten Kooperation in einer „herrschaftsfreien" Interaktion, sondern was sich uns zunächst bot, war nur die glattgeschliffene Oberfläche einer bereits vollzogenen Anpassungsdressur, die es — wie sich später zeigen wird — nur wegzukratzen galt, um die Vereinzelung und allseitige Fremdbestimmtheit der Kinder, ihr perspektivloses Schwanken zwischen Aufbegehr und Resignation, bloßzustellen.

### 6. Rückschlag und Gegenmaßnahme

Nachdem wir das Märchen über drei Sitzungen hin behandelt hatten, wobei es gelang, immer mehr vom Original zu abstrahieren und den Alltag der Kinder an dessen Stelle treten lassen, mit dem sie sich sichtlich lustvoll und realitätsgerecht auseinandersetzten, erfuhren unsere Zielvorstellungen einen plötzlichen unerwarteten Rückschlag. Für die 6. Sitzung hatten wir verabredet, das Stück zum erstenmal ohne Vorbesprechung spielen zu lassen, um festzustellen, welchen Stabilitätsgrad der von uns initiierte Lernprozeß bereits angenommen hatte und wie weit unsere bisherigen Eingriffe die Eigenvorstellungen der Kinder möglicherweise präokkupiert hatten. Unglücklicherweise hatten wir zu der betreffenden Sitzung auch zum erstenmal eine elektronische Aufzeichnungsanlage zur Verfügung, so daß dadurch ein weiterer Unsicherheitsfaktor für Kinder und Erwachsene gegeben war. Zu unser aller Überraschung spielten die Kinder eine relativ märchengetreue Version, zeigten Sprach- und Interaktionshemmungen, konnten sich über die Rollenverteilung nur mittels Repressionsmechanismen einigen und trugen ihre Parts entweder weitgehend mechanisch-starr und reduziert oder betont affektiert und expansiv vor. Während sich für die meisten rückschrittlichen Tendenzen die ungewohnte und korrumpierende Anwesenheit der elektronischen Kamera verantwortlich machen ließ, fanden wir die Erklärung für die betonte Anlehnung an das Märchenoriginal erst im nachträglichen Gespräch mit den Kindern. Gabi und Irene, die immer schon als Anwälte für eine möglichst affirmative Märchenadaption aufgetreten waren, hatten zunächst unter sich und dann unter Einbeziehung weiterer Ensemblemitglieder gewissermaßen hinter unserem Rücken eine Gegeninszenierung entwickelt und sie auf der betreffenden Sitzung vorgestellt. Wie sich jedoch

herausstellte, hatten Irene und Gabi mit ihrer Initiative nicht den etwa durch unser bisheriges Vorgehen vergewaltigten Intentionen der übrigen Kinder entsprochen, sondern sich lediglich der indifferenten „schweigenden Mehrheit“ bemächtigt; mit der Konsequenz, daß nach besagtem Versuch außer Irene und Gabi kein Kind mehr an der weiteren Beschäftigung mit „Aschenputtel“ interessiert war und man statt dessen die Darstellung anderer Märchen (aber auch die Reproduktion von „Hurra, die Schule brennt“) vorschlug. Man trennte sich, ohne die weitere Perspektive festzulegen.
Zur darauffolgenden Sitzung erschienen nur Sabrina und Wilfried. Wir befragten sie vorsichtig über ihre Einschätzung der bisherigen Arbeit, die sie im allgemeinen positiv bewerteten. Das Fehlen der übrigen konnten sie weder erklären noch schien es sie sonderlich zu beunruhigen. Studenten und Dozent waren einigermaßen entmutigt und sahen das Projekt in der ersten Reaktion als gescheitert an. Da man sich jedoch darüber im klaren war, daß man die Ursachen für diesen Fehlschlag nur mit den Kindern gemeinsam ergründen konnte, wurde nach Wegen gesucht, wie man den Kontakt mit den Kindern wiederherstellen und sie möglichst zur Weiterarbeit gewinnen konnte. In Anbetracht der Adventszeit und unter Berücksichtigung des gelegentlich und vereinzelt geäußerten Wunsches der Kinder, eine Weihnachtsaufführung zu machen, wie sie übrigens auch die Heimleitung von uns erwartete, worauf wir aber im Interesse unseres Ansatzes bisher nicht näher eingegangen waren, schrieben wir allen Kindern eine Karte, auf der wir ihnen die Einstudierung eines Weihnachtsspiels vorschlugen und sie um ihr vollzähliges Erscheinen baten.
Zum nächsten Mal kamen sie denn auch alle wieder und erklärten ihr Fernbleiben in der vergangenen Woche damit, daß sie krank gewesen wären; was in der Tat den meisten geglaubt werden konnte, als zur besagten Zeit in Neukölln eine Grippeepidemie herrschte, die nahezu den gesamten örtlichen Schulbetrieb lahmgelegt hatte. Wie dem auch sei; man vermied es, teils aus eigener Unsicherheit, teils um nicht die Kinder zu verunsichern, die bisherige Theaterpraxis gemeinsam mit den Kindern kritisch aufzuarbeiten, machte kurzerhand einen Strich unter die Vergangenheit und stürzte sich auf genau das Verfahren, das man im theoretischen Ansatz als entfremdete und emanzipationsfeindliche Arbeit denunziert hatte, d. h. es wurde ein öffentlicher Aufführungstermin bestimmt, ein Probenplan aufgestellt und die Festlegung der Rollen beschlossen. Da man bis zur Aufführung nur noch über drei Probennachmittage verfügte, blieb den Kindern nichts anderes übrig, als sich für eine Vorführung von „Aschenputtel“ zu entscheiden, was in unserem Interesse lag, denn wir wollten wissen, wie sich das Stück unter den veränderten Bedingungen entwickeln würde.

## 7. Äußerer Zwang und Destruktion des Modells

Um es gleich vorwegzunehmen: die negative Implikation unseres theoretischen Ansatzes in bezug auf Aufführungen als etwaiges Spielergebnis erwies sich als gerechtfertigt. Von nun an handelten die Kinder unter einem äußeren Zwang, der ihnen selbst aufgrund der weitgehend vollzogenen Verinnerlichung dieses Prinzips kaum bewußt wurde, der sie jedoch entmündigte und unter unser ungewolltes Kommando stellte. Es gelang ihnen nur noch selten, sich selbst zu organisieren. Entscheidungen, die sie bisher relativ autonom und kompetent zu fällen wußten, erzeugten Streit oder blieben solange unverbindlich, bis sie von uns sanktioniert wurden. Die spielerische Kompetenz, sei es im sprachlichen oder gestischen Bereich oder in der angemessenen Erfassung einer Situation, ganz zu schweigen von ihrer adäquaten Antizipation, ging deutlich zurück. An ihre Stelle trat das Regiment der versteckten und offenen Souffleure, die Scheu vor dem Auftritt und die Hoffnung auf den Abgang, das Vergnügen am Versagen der anderen, die Angst, sich selbst zu blamieren, das Unvermögen, im probierenden Spiel viel mehr zu sehen als die Übernahme innerlich fremder Verhaltensmuster, von denen man irgendwie annahm, sie könnten ein im übrigen gleichgültiges Publikum in Staunen, Furcht oder Entzücken versetzen. Zeitweilig agierten die Kinder auf den Proben so hilflos, steif und abwesend, daß wir befürchteten, sie würden sich ihrem Publikum nicht vermitteln können und statt des erhofften Erfolgserlebnisses, das sie für ihre Anstrengungen entschädigte, ein mehr oder minder starkes Trauma davontragen. Doch ließen wir bei dieser Befürchtung die Ambivalenz des konkurrierenden Leistungsprinzips außer acht. Es kam, wie es in der Aufstiegsgesellschaft kommen soll: die Aufführung als das Bewährungsmoment eines Initiationsritus, der keine Alternative kennt, gelang. Die Kinder hatten ihr Erfolgserlebnis. Vergessen waren Probendruck, Streit und Enttäuschung. Willig hätten sich die Kinder für ein neues Unternehmen dieser Art gewinnen lassen. Sie hätten nicht nur, sie kamen selbst mit dem Vorschlag! Einige reproduzierten noch wochenlang den Aufführungserfolg und wollten allen Ernstes bereits nach Neujahr mit den Proben für das nächste Weihnachtsstück beginnen.

## 8. Spielstrukturen der Märchenbearbeitung

Bevor auf die weiteren Konsequenzen des Märchenspiels eingegangen wird, sollen einige seiner Strukturen verdeutlicht werden; sowohl was die einzelnen Spielsequenzen anbetrifft, als auch im Hinblick auf gruppendynamische Prozesse bei der Verteilung und Ausführung der verschiedenen Rollen.

Das soll u. a. auch deswegen geschehen, damit gerade jene Pädagogen, die das Prinzip der Theaterproben als notwendige Voraussetzung einer wem auch immer geltenden „Vorführung“, möglichst noch anhand einer wie auch immer von den Kindern mitgestalteten Textvorlage weitgehend verinnerlicht haben, unser Verfahren der Selbstkritik nicht dahingehend fehlinterpretieren, als wären wir eben nicht in der Lage gewesen, den Anforderungen einer „richtigen“ Kindertheateraufführung zu genügen, und es eben nur unsere Schuld gewesen sei, wenn die „offiziellen“ Proben den Kindern nicht das nötige Maß an Spaß und Kreativität vermittelt hätten.
Zunächst zur Handlungsstruktur: Abgesehen davon, daß wir unser Hauptaugenmerk auf die realistische, rational einsichtige Grundlage aller Spielformen und -inhalte legten, ging es uns wesentlich darum, den Attrappencharakter der dramatis personae, ihre märchenimmanente Schwarzweißzeichnung zu relativieren und die jeweiligen charakterlichen Ausprägungen von manifesten biographisch-gesellschaftlichen Prozessen abzuleiten. Das betraf vor allem die Figur des Aschenputtels. Das Märchen stilisiert sie zur holden Unschuld, die bar jeder egoistischen Regung ihr hartes Schicksal auf sich nimmt, um dann für ihr Martyrium gewissermaßen „von oben her“ die entsprechende Belohnung zu erfahren. Uns erschien dieser Moralbegriff als ein Musterbeispiel für eine Erziehung zur Unterwürfigkeit, zur Abhängigkeit, zur Bigotterie, zum Vorurteil (gerade im Hinblick auf die „böse“ Stiefmutter und ihre „gemeinen“ Töchter) und nicht zuletzt zum Triebverzicht. Da es den Kindern gleichermaßen schwerfiel, Aschenputtel als reines „Tugendpflänzchen“ zu sehen (im Gespräch vertraten sie immer wieder die Meinung, daß Aschenputtel von den Stiefschwestern so schlecht behandelt würde, weil sie anfänglich auf ihren Vorrechten als leibliche „Tochter des Hauses“ bestehe, schönere Kleider und Spielsachen hätte, nichts abgeben wolle und die neuen Geschwister als Eindringlinge empfinde), arbeiteten wir mit den Kindern die Diskriminierung Aschenputtels zu einem reziproken, ambivalenten Prozeß aus; d. h. einerseits bekam die „Böswilligkeit“ der Stiefschwestern eine rational mitzuvollziehende Begründung durch Aschenputtels anfänglichen (von allen Kindern so interpretierten) Egoismus; andererseits lockten wir Aschenputtel aus ihrer Rolle der stillen Dulderin heraus, so daß sie sich zumindest gelegentlich und teilweise gegen ihre Unterdrückung und Ausbeutung wehrte und dadurch ihre Gegenspieler zu immer raffinierteren und verschleierteren Repressionsstrategien veranlaßte, die in der Schlußphase durchaus dem im bürgerlichen Bereich stark verbreiteten Syndrom der „repressiven Toleranz“ entsprachen. Auf diese psycho-sozialen Prozesse des Rollenspiels wird im weiteren noch eingegangen.
Was den Gang der Handlung betrifft, so beschränkten wir uns im Laufe der

Entwicklung auf drei Bereiche: 1. Aschenputtels Elternhaus, 2. der Königshof, 3. eine öffentliche Wirtschaft. Die Kinder selbst nahmen weitgehend diese Selektion vor.

*1. Szene* (Im Hause Aschenputtels): Vater, Aschenputtel (die zu diesem Zeitpunkt noch „Sylvia" heißt) und deren Freundin Petra beraten, was man nach dem Tode der Mutter unternehmen müsse, um den Bedürfnissen von Witwer und Halbwaise gerecht zu werden. Man sieht in der Wiederheirat des Vaters die beste Lösung und beschließt, sich in einem öffentlichen Lokal nach einer passenden Ehefrau bzw. Ersatzmutter umzusehen.

*2. Szene* (In der Wirtschaft): Vater, „Sylvia" und Petra lernen die Witwe Kribenow mit ihren beiden Töchtern kennen. Da beide Familien die gleichen Probleme haben und sich untereinander gut verstehen, verabredet man sich zu weiteren Treffen.

*3. Szene* (Im Hause Aschenputtels): Familie Kribenow ist auf Besuch. Man beschließt zur allgemeinen Zufriedenheit, die beiden Haushalte durch Heirat zusammenzulegen. Die Erwachsenen begeben sich aufs Standesamt, um die Formalitäten einzuleiten. Die alleingelassenen Kinder geraten in Streit, weil „Sylvia" ihr Spielzeug nicht rausrücken will.

*4. Szene* (Im Hause Aschenputtels): Die neue Familie besteht schon seit geraumer Zeit. Man kommt leidlich miteinander aus. Da muß der Vater für längere Zeit auf Montage nach Westdeutschland. Von nun an wird „Sylvia" manifest schikaniert, muß in der Asche der Etagenheizung schlafen, kriegt ihre Spielsachen und Kleider entzogen und muß den anderen dienen. Die königliche Balleinladung kommt. Die Stiefmutter befiehlt dem nun so genannten Aschenputtel dazubleiben und gibt ihm schwere Hausarbeit auf. Alleingelassen, ruft Aschenputtel seine Freundinnen an, die schnell herüberkommen, ihm ein schönes Kleid mitbringen und ihm die Arbeit abnehmen, damit es auf den Ball gehen kann.

*5. Szene* (Beim König): Großer Aufmarsch des Hofes und der geladenen Gäste. Der Königssohn läßt alle jungen Damen Revue passieren, macht abfällige Bemerkungen und findet nur an dem inzwischen eingetroffenen Aschenputtel Gefallen. Man tanzt, bis Aschenputtel gegen Mitternacht flieht, weil es befürchtet, seine enttäuschten Stiefschwestern könnten vor ihm den Ball verlassen und es zu Hause nicht antreffen. Großes Durcheinander. Der König bricht den Ball ab. Die übrigen Gäste zeigen sich empört ob der unhöflichen Behandlung.

*6. Szene* (Im Hause Aschenputtels): Die verärgerten Schwestern kommen nach Hause und lassen ihre Wut an Aschenputtel aus. Die häusliche Nachtszene wird zur Burleske: Während sich Stiefmutter und -schwestern in den Betten aalen und im Halbschlaf Aschenputtel herumkommandieren, ver-

steckt es deren Schuhe, die es eigentlich putzen soll, und hält sich anderweitig für die Schikanen schadlos. Am Morgen bringt der Königsbote eine neuerliche Balleinladung. Die Stiefschwestern putzen sich aufwendig zurecht, wobei es zu ausgesprochen burlesken Situationen kommt. Nachdem man Aschenputtel schwere Arbeiten auferlegt hat, begibt man sich hoffnungsfroh zum Ball. Wiederum werden die Freundinnen alarmiert, die Aschenputtel schön herrichten und ihm die Arbeit abnehmen.
*7. Szene* (Beim König): Der Zeremonienmeister erklärt, daß der Ball nur wiederholt werde, weil der Prinz hofft, seine Partnerin vom Vorabend wiederzutreffen. Große Entrüstung unter den Gästen, die dennoch bleiben, weil sie sich weiterhin gewisse Chancen ausmalen. Als Aschenputtel eintrifft, widmet sich der Prinz wiederum nur ihm. Zur vorgerückten Stunde flieht Aschenputtel, um vor seiner Familie zu Hause zu sein, und verliert im Saal einen Schuh. Das Fest wird sofort tumultuarisch abgebrochen.
*8. Szene* (Im Hause Aschenputtels): Rasend vor Wut stürzen sich Mutter und Schwestern bei ihrer Rückkehr auf Aschenputtel und quälen es. Da kommen König, Prinz und Gefolge auf der Suche nach der Besitzerin des verlorenen Schuhs. Die Stiefschwestern schicken Aschenputtel hinaus und probieren heimlich den Schuh an. Als er keiner paßt, ermuntert sie die Mutter, sich entweder Ferse oder Zeh abzuschneiden, weil die Chance, Prinzessin zu werden, dieses Opfer rechtfertige und man in solcher Position nur noch selten zu Fuß gehen müsse. Unter großem Geschrei verstümmeln sich darauf die Stiefschwestern. Doch der Betrug wird entdeckt; ebenso wie das versteckt gehaltene Aschenputtel. Ihm paßt der Schuh. Der Prinz fragt, warum es immer weggelaufen sei. Aschenputtel erklärt ihm die Gründe. Der König läßt Aschenputtel über die Bestrafung der Missetäter befinden. Es fordert für alle zehn Schläge auf den Hintern (burleske Szene). Die Freundinnen werden herbeigeholt. Das Stück schließt mit einem Fest aller Anwesenden (Schauspieler und Zuschauer). Es gibt Kakao und Kuchen bei Weihnachtsbeleuchtung.
Dieses Handlungsgerüst zeichnete sich (bis auf den Schluß) im wesentlichen bereits vor den „eigentlichen“ Proben ab. Wir fixierten es erst, nachdem wir mit den Kindern eine öffentliche Aufführung verabredet hatten. Die Kinder selbst haben das Spielskelett in seiner Niederschrift nie zu Gesicht bekommen; ebenso wie wir ihnen keinen einzigen Satz oder irgendeine Interaktionssequenz in den Mund legten. Auch bei den sogenannten Proben sprachen und handelten die Kinder also weitgehend nach eigenem Ermessen. Sie kannten aufgrund gemeinsamer mündlicher Absprachen nur den groben Umriß der jeweiligen Szenen, die bei den „Proben“ dementsprechend stets neue Modifikationen erfuhren. Erst wenn sich die Kinder allzuweit von der ge-

Irene bedeutete das Theaterspiel in der Tat Ersatz und Entschädigung für die ihr feindlich gegenüberstehende reale Umwelt. Ob wir sie jemals dazu gebracht hätten, mehr im Rollenspiel zu sehen, bleibt fraglich und unterstreicht die Schwierigkeiten von Lernprozessen, die sich im wesentlichen auf der Symbolebene bewegen. Darüber hinaus dürfte am Beispiel von Irene hinlänglich klar werden, daß sich sogenannte Grundqualifikationen der Persönlichkeit kaum ohne Berücksichtigung des jeweiligen konkreten Lebensbereichs aufstellen lassen. Wie bereits betont, neigte Irene zur Anpassung an die Wertmuster der herrschenden Klasse, deren unmittelbarer Nutzen ihr jedoch mangels Zugehörigkeit versagt war. Folgerichtig baute sie sich im Spiel einen „kapitalistischen Lebensplan" mit der entsprechenden Persönlichkeitsstruktur auf. Es hat uns immer wieder überrascht, mit welcher Souveränität Irene Rollen vorstellte oder beantwortete, die gänzlich außerhalb ihrer klassenbedingten Lebenspraxis lagen. Nur so läßt sich verstehen, daß sie soziale Fähigkeiten zeigte, die vielleicht von einem bürgerlichen Standpunkt aus als „autonom" und „elaboriert" erscheinen, die jedoch in Anbetracht ihrer schichtspezifischen sozialen Möglichkeiten als Gegenteil dessen gelten müssen, nämlich als Symptom der Entfremdung von der eigenen Klasse als derjenigen, die ihr „Schicksal" nicht individuell, sondern nur im gemeinsamen, solidarischen Handeln lösen kann.
Als letztes Symptom schichtspezifischer Sozialisation soll das Verhältnis der Kinder zur Aschenputtel-Rolle beschrieben werden. Obwohl sie zweifellos von allen Kindern als Hauptrolle gewertet wurde und darüber hinaus auch den „Helden" des Stückes abgab, scheuten sich die Kinder offensichtlich, diese Figur zu übernehmen, weil sie sich mit den ihr zugrunde liegenden Wertorientierungen nicht identifizieren konnten. Solange wir „Aschenputtel" spielten, hatten im wesentlichen nur zwei Kinder die Hauptrolle inne; Kinder, die bezeichnenderweise in der Gruppenhierarchie einen geringen Rang einnahmen: Christine und Sylvia. Beide waren von den übrigen nach rein formalen Kriterien ausgewählt worden. Sie waren nämlich die einzigen, die wie das Märchenoriginal blonde Haare hatten. Sowohl vor den offiziellen Proben, wie während ihres Verlaufs, wie bei der endlichen Aufführung machte die Figur des Aschenputtels einen relativ blassen und unbedeutenden Eindruck. Das mag zum Teil an ihren Darstellerinnen gelegen haben. Der Hauptgrund ist jedoch darin zu suchen, daß das Mädchen Aschenputtel als typischer Vertreter bürgerlicher Erziehungsideale zu bezeichnen ist. Sein williges Dulden von Entbehrung, sein Streben nach Bewährung und die latente Bewußtheit der schließlichen Gewährung seiner Wünsche entsprechen der Wertorientierung, wie sie vor allem bürgerlichen Kindern vermittelt wird und wie sie die Sozialisationsforschung formelhaft als „deferred grati-

fication pattern“ (Wertmuster der aufgeschobenen Bedürfnisbefriedigung) umrissen hat.

## 10. Einige Schlußfolgerungen

Was läßt sich aus dem Neuköllner Versuch lernen? Ein proletarisches Kindertheater, will es seinen Mitgliedern wirklich ihre Zwänge und Abhängigkeiten bewußt machen und ihnen bei deren Überwindung helfen, darf sich von Rückschlägen, mögen sie von außen oder innen kommen, nicht beirren lassen. Das Neuköllner Kindertheater zeigte sich in dieser Hinsicht als besonders labil und seiner Aufgabe nicht gewachsen. Nicht das Märchenproblem war es, mit dem es nicht fertig wurde, sondern die bürgerliche Sehnsucht seiner Initiatoren nach dem ganz Anderen, Ungewöhnlichen, Neuen. Man wartete ungeduldig auf greifbare und endgültige Resultate und brach voreilig ab, was sich, konsequent und geduldig verfolgt, hätte erfolgreich entwickeln können. Ungewollt bildeten sich zwischen Erwachsenen und Kindern Gegensätze, dadurch, daß jeder vom anderen spürte, daß er eigentlich nicht das wollte, was jeweils geschah. Als dann die Kinder, wie zu vermuten ist, zumindest teilweise und vorübergehend die Konsequenz aus dieser Misere zogen, ließen die Erwachsenen, die sich als angehende Sozialisten verstanden, kurzerhand ihren Ansatz im Stich und begaben sich zurück auf das Niveau, das zu negieren sie einst angetreten waren. Man wollte mit der „eigentlichen“ Arbeit nicht so recht anfangen, ehe die Kinder nicht regelmäßig und engagiert kamen, und schaffte dadurch erst die Voraussetzungen für die mangelnde Effektivität und Kontinuität des Kindertheaters[7].
Das Neuköllner Projekt lief bis Ende März 1971. Obwohl die Kinder seit der Weihnachtsaufführung regelmäßig erschienen und eine steigende Tendenz zum spielerischen und kritischen Engagement zeigten, gelang es nicht, die einmal verlorene Perspektive in die Arbeit zurückzuholen. Die Kinder leisteten dabei den geringeren Widerstand. Zwar hatten wir oft den Eindruck, als wollten sie mit uns am liebsten nur herumtoben. Doch zeigte es sich immer wieder, daß es entscheidend an uns lag, ob die Kinder, die nur noch gelegentlich vorgeschlagenen Rollenspiele akzeptierten und etwas daraus machten, was sowohl ihnen wie uns gefiel. Daraus die generelle Verfehltheit des strategischen und inhaltlichen Ansatzes abzuleiten oder gar die grundsätzliche Unmöglichkeit emanzipatorischer Theaterpraxis ohne die ent-

[7] Vgl. zu diesem typischen Problem sozialistischer Kinderarbeit im Universitätsbereich die Analyse des „Schülerladen Rote Freiheit“, Fischer Bücherei Nr. 1147

sprechenden politökonomischen Umwälzungen zu behaupten, wäre verfrüht.

Am Mißerfolg des Neuköllner Versuchs läßt sich jedoch nachweisen, daß es in der politischen Bildungsarbeit nicht genügt, ein entsprechend entwickeltes Bewußtsein anbieten zu wollen, in der Hoffnung, daß sich das komplementäre Handlungsvermögen dann schon von selbst einstellen werde. Die akademischen Mitglieder des Kindertheaters hatten über die notwendige Aufarbeitung der politischen Ökonomie des Bildungssektors, der schichtspezifischen Sozialisationsprozesse und der allgemeinen Situation der Arbeiterklasse zwei für sie nicht minder wichtige Komplexe ziemlich aus den Augen verloren: die unmittelbaren Probleme der Kinder, die sich ihnen leibhaftig anvertraut hatten, und das Vermittlungsinstrument, mit dessen Hilfe die Kinder zu autonomem und kompetentem Handeln angeleitet werden sollten: das darstellende Rollenspiel. Mehr oder minder uneingestanden scheuten wir vor der direkten Auseinandersetzung mit den unsere Arbeit unmittelbar bestimmenden Faktoren zurück. Diese Scheu war zum Teil bedingt durch den geringen Spielraum, der uns seitens der Heimleitung gewährt wurde. Das entscheidende Hindernis bildeten wir jedoch selbst als Bestandteil einer kritischen Intelligenz, die sich gegen ihre ideologische Funktion im kapitalistischen Klassensystem aufzulehnen sucht, ohne sich über die dafür notwendigen Voraussetzungen bereits im klaren zu sein.

So geriet denn das Neuköllner Projekt zwangsläufig zu einem, wenn auch nicht immer bewußten Selbstklärungsversuch seiner Initiatoren, der immerhin die Einsicht brachte, daß wir trotz praktischer Bemühungen nicht bereit und fähig waren, unsere privilegierte Stellung als primär „geistig Arbeitende" ernsthaft aufs Spiel zu setzen, und daß wir deshalb erst einmal in unserem eigenen Sozialisationsbereich, in der Universität, die notwendigen strukturellen Verbesserungen durchzusetzen hätten, um mit einer Wissenschaft Ernst machen zu können, die weder Theorie von Praxis trennt, noch von den Ungleichheiten der kapitalistischen Gesellschaft ausgehend, selbst als ein Teil dieser Ungleichheit verharrt. Das Neuköllner Kindertheaterprojekt scheiterte einerseits an der Praxisferne der Universität, andererseits an dem privilegierten gesellschaftlichen Standort seiner akademischen Mitglieder. Beides dürfte zu beheben sein.

Rainer Hachfeld

# Über das Schreiben von Szenen für Kinder

Vorerst zur Chronik: Das Berliner Reichskabarett, aus dessen Erfahrungen hier berichtet werden soll, startete 1966 neben seinem Kabarettprogramm für Erwachsene ein eigenes Theater für Kinder, das nicht nur zur Weihnachtszeit, sondern (außer in den Sommerschulferien) das ganze Jahr über spielt. Wir — das sind Schauspieler, Kabarettisten, Kabarett-Texter, ein Kameramann und ein Karikaturist — begannen mit Märchenstücken („Der Teufel mit den drei goldenen Haaren", „Reineke Fuchs"). Auf Erfahrungen anderer oder auf systematische Berichte konnten wir nicht aufbauen; unsere Erfahrungen im Kindertheater beruhen allein auf praktischer Arbeit, wobei uns Gespräche mit Kindern mehr halfen als die mit Eltern oder Lehrern. Sehr bald kamen wir dazu, eigene Geschichten für unser Publikum zu schreiben („Kasper und der Löwe Poldi" und andere Stücke von Horst Jüssen); wir näherten uns dabei immer mehr der realen Umwelt der Kinder und ihren pädagogischen Problemen.

Seit 1968 arbeiteten vor allem Volker Ludwig und ich in dieser Richtung. Unser erster Versuch hieß „Die Reise nach Pitschepatsch", ein Stationenstück, in dem der Held, in diesem Fall bewußt ein kleines Heldenmädchen, von Station zu Station marschiert. Diese Stationenstücke kann man natürlich so und so machen. Man kann beliebige Spielereien aufeinander folgen lassen oder aber in jede Szene etwas verpacken. Nämlich: Information, Agitation, Animation.

Zur *Information* gehört — glaube ich —, daß man die Kinder über ihre Umwelt informiert, z. B. über die Unsinnigkeit verschiedener Verbote oder über die Abhängigkeit von Erwachsenen untereinander.

Zur *Agitation* kommt es, wenn man den Kindern Verhaltensweisen vorspielt, mit der Absicht, sie dazu zu bringen, dieses Verhalten zu Hause „nachzuspielen", also zu praktizieren. Dabei muß man allerdings vorsichtig sein. Wir wollten nie die Kinder gegen ihre Eltern einfach aufhetzen (was dem Theater für Kinder im Reichskabarett vorgeworfen wurde). Wir „zeigen Ungerechtigkeiten und falsche Autorität, gegen die sich die Kinder zur Wehr setzen dürfen" (Volker Ludwig). Man sollte aber bedenken, wie weit die Kinder antiautoritäres Verhalten, das ihnen von der Bühne herunter empfohlen wird, zu Hause praktizieren können, ohne sich dabei den Kopf einzurennen. Wie weit Kinder allerdings überhaupt Bühnengeschehen auf

ihren Alltag übertragen, ist eine Frage, auf die ich noch zurückkommen muß. Mit *Animation* meine ich hier das Einbeziehen des Publikums in die Spielhandlung, das Mitmachen. Das darf sich nicht — wie es meistens geschieht — auf Zurufe und Warnungen beschränken, die beim Kaspertheater üblich sind. Es kann sich im Idealfall und wenn die Schauspieler dazu in der Lage sind ein völlig freier Dialog zwischen Bühne und Publikum ergeben. Man sollte auch nie die Fassung verlieren, wenn Kinder aus dem Publikum auf die Bühne steigen, um aktiv einzugreifen (was im Reichskabarett mitunter geschieht). Stückeschreiber und Regisseur können solche Situationen berücksichtigen. Wenn die Kinder zur Mithilfe angeregt oder um Ratschläge gebeten werden, die den Verlauf der Handlung bestimmen, muß sich der Autor von vornherein mehrere Möglichkeiten überlegen, die den Kindern einfallen könnten. Doch abgesehen davon müssen auch die Schauspieler in der Lage sein, eine Situation (Lösung) nach den Vorstellungen der Kinder zu spielen, an die der Autor nicht gedacht hat.
Erste Ansätze dieser Überlegungen fanden sich in unserem Stück „Stokkerlok und Millipilli“ (Hachfeld/Ludwig). Wesentlich deutlicher wurden Volker Ludwig und Carsten Krüger in ihrem „Maximilian Pfeiferling“ (1969). Hier fand Alltag auf der Bühne statt. Das Verhältnis Mieter — Vermieter wurde den Kindern deutlich gemacht und Autoritäten (der Hausbesitzer) zerfetzt. Die Kinder wurden nicht mehr „verzaubert“. Aber nicht nur die Thematik war neu für ein deutsches Kindertheater. Das Stück wurde vor den Kindern „hergestellt“. Die Schauspieler kamen als Schauspieler auf die Bühne und gaben sich, nach ihren individuellen Fähigkeiten, die Rollen. Den kleinen Jungen spielte der älteste Schauspieler, nicht ohne die Kinder vorher um Erlaubnis zu bitten. Das Bühnenbild war geradezu desillusionierend primitiv, wie überhaupt die Tendenz beim Reichskabarett und einigen anderen Bühnen zu einer Desillusionierung im guten Sinne geht. Wichtiger als Theaterdonner und große Illusion ist der Spaß an der Sache. Moralisierende Kinderstücke sollte es nicht geben, auch keine Kinderstücke mit Zeigefingerpädagogik (auch antiautoritärer) ohne Humor. Auch wenn die Stücke eine ernsthafte Problematik behandeln, kann man diese den Kindern viel besser durch Komik vermitteln als durch Töne, die sie eher an den Schulunterricht erinnern.
Das nächste Stück hieß „Mugnog - Kinder“ (Rainer Hachfeld, 1970): Zwei Kinder sind zu Besuch bei Onkel und Tante. Um sich ein Spielzeug zu schaffen und gegen die hilflos-autoritären Erziehungsversuche ihrer Gastgeber zur Wehr zu setzen, erfinden sie den „Mugnog“, im Grunde nichts weiter als eine alte Holzkiste. Der Mugnog vertritt ihre Interessen und interpretiert ihre Wünsche und Meinungen. So heißt es z. B.: „Der Mugnog

hat gesagt, wenn man nicht müde ist, braucht man nicht ins Bett.“ oder „Herr Schmurks ist ein dummer alter Meckeronkel — hat der Mugnog gesagt.“ Die Erwachsenen — vom Onkel über den Hausbesitzer, einen Polizisten und einen General bis zum Minister — stehen dem Mugnog erst hilflos, dann ängstlich, schließlich feindlich gegenüber und vernichten ihn. Doch statt der Holzkiste haben die Kinder nun ein altes Ofenrohr: einen neuen Mugnog.

Oft wird gefragt, inwieweit wir den Kindern von der Bühne herunter anwendbare Verhaltensmaßnahmen vermitteln können. Ich bin da sehr skeptisch, obwohl ich mit „Mugnog-Kinder“ mehr erreicht habe, als ich mir jemals träumen ließ. Es kamen Eltern, die mir erzählten, daß ihre Kinder zu Hause nun auch Mugnogs hätten, mit denen sie ihren Willen durchzusetzen versuchten. Interessant ist aber, daß es sich bei diesen Eltern ausnahmslos um Leute handelte, die ihre Kinder nicht autoritär erziehen. Die Gefahr, daß man Kindern, die zu Hause durch solche Verhaltensmaßregeln Schwierigkeiten bekommen, eher schadet als hilft, erwähnte ich schon, muß aber sagen, daß im Fall „Mugnog“ streng erzogene Kinder nicht auf die Idee kamen, den Mugnog-Trick zu Hause nachzuspielen. Hüten wir uns also vor der Illusion, daß die Kinder das Bühnengeschehen ohne weiteres auf ihren Alltag übertragen. Wenn ich z. B. einen verängstigten oder doofen Polizisten auf die Bühne stelle, sind die echten Polizisten für Kinder noch lange nicht verängstigt und doof. Der Bühnenpolizist ist etwas ganz anderes.

Mit den „Mugnog-Kindern“ erlebte ich noch eine andere Überraschung. In einer „kritischen Stellungnahme“ verwarfen die Kinder einer 3. Klasse ausgerechnet jene Elemente, die uns im Kindertheater besonders wichtig erschienen, wenigstens was die Äußerlichkeiten betraf. Der Wunsch nach mehr realistischen Details wurde laut, Sehgewohnheiten von Film und Fernsehen waren zu spüren. Die Handlung und Thematik des Stücks wurde allerdings in keinem Punkt kritisiert. Meine Überraschung über diesen Brief legte sich etwas, als ich von seiner Entstehung hörte. Die Kinder, von ihrem Lehrer um Kritik gebeten, hielten sich an Äußerlichkeiten. Trotzdem hielt und halte ich es für sehr wichtig, auf Kritiken von Kindern einzugehen, so wenig mich Kritiken erwachsener Feuilletonisten scheren.

Deshalb schrieb ich:

Liebe Kinder,

Ihr habt uns, dem Kindertheater, vor Euren Sommerferien einen Brief geschrieben. Darin habt Ihr ein paar Dinge notiert, die Euch bei der Aufführung der „Mugnog-Kinder“ nicht gefallen haben. Da ich das Stück geschrieben habe, also an allem schuld bin, möchte ich Euch heute Punkt für Punkt antworten. Falls Ihr nicht mehr so genau wißt, was Ihr geschrieben habt, ist es wohl besser, ich schreibe hier gleich auch Eure Kritik noch einmal auf. Ihr schreibt:

1. Die Kanone müßte besser funktionieren. Der Apfel darf nicht so plump rausfallen. Bei einem Schuß ins Bein ist man nicht gleich tot. Außerdem darf man nicht sprechen, wenn man tot ist.
2. Ein Schauspieler darf nicht zwei Rollen spielen. Tut er es doch, dann muß es flüssiger gespielt werden. (Beispiel: Die Tante muß als Lehrerin gleich zu erkennen sein).
3. Der Kasten müßte auf der Bühne zerhackt werden. Ein echtes Beil muß da sein.
4. Der Onkel muß auf den Krücken richtig hinken.
5. Die Reste der Holzkiste sind mehr als drei Bretter. Man müßte sie sehen.
6. Das Mugnog-Lied muß länger sein und einen richtigen Text haben. Gut wäre es, wenn wir Textblätter hätten.
7. Der Polizst müßte einen echten Knüppel und eine echte Mütze haben.

Das sind also Eure Vorwürfe. Nun will ich versuchen, uns zu verteidigen: Am meisten ist mir aufgefallen, daß für Euch alles ganz naturgetreu, ganz echt aussehen und sein soll. Wie im Kino oder im Fernsehen: Ein echtes Beil muß da sein, ein echter Knüppel, eine echte Mütze. Warum denn eigentlich? Es wird doch am Anfang des Stücks ausdrücklich gesagt, daß Theater gespielt wird. Die Leute auf der Bühne verkleiden sich vor Euren Augen, und Ihr sollt miterleben, daß gespielt wird. Wir wollen Euch doch nichts vormachen, was in Wirklichkeit gar nicht passiert. Beim Fernsehen oder im Kino macht man Euch was vor. Oder glaubt Ihr, daß ein Cowboy, der im Film erschossen wird, wirklich tot ist? Der steht froh und munter wieder auf, wenn die Kamera weggedreht wird, aber Ihr seht das nicht mehr. In unserem Kindertheater ist das etwas ganz anderes. Ihr könnt ruhig wissen, ja, Ihr sollt es sogar wissen, daß da kein richtiger Polizist und kein richtiger Bürgermeister auf der Bühne steht, sondern daß es Schauspieler sind, die Euch vorspielen, wie sich doofe Polizisten, feige Generäle und faule Bürgermeister benehmen. Das gilt auch für alle anderen Rollen. Wenn alles so echt sein soll, wie Ihr es wünscht, warum habt Ihr dann nicht auch geschrieben: Der Schnauzer muß einen echten Bart haben, nicht einen an einer Gummistrippe. Die beiden Kinder in dem Stück sind ja gar keine, die sind ja viel zu alt. Wenn die Kinder in den Betten liegen, sieht man, daß es nur bemalte Pappen sind. Und so weiter. Ich finde, entweder man macht Theater und jeder kann sehen, wie es gemacht wird, oder man geht ins Kino und läßt sich da was vormachen. Ich bin da mehr für's Theater, da

könnt Ihr den Leuten auf der Bühne gleich sagen, was sie falsch machen und daß sie blöd sind, wenn Ihr es meint. Versucht mal, im Kino oder beim Fernsehen den Schauspielern etwas zuzurufen — die hören Euch doch nicht. Doch jetzt zu den Einzelheiten: Die Kanone soll Eurer Meinung nach also besser funktionieren. Warum? So ein blöder und feiger General hat eben auch nur eine blöde Kanone. Daß die beiden von einem Schuß ins Bein nicht tot sind, ist doch klar wie Kloßbrühe. Die sind aber so wehleidig, daß sie sich für schwer getroffen halten und deswegen glauben, sie müßten umkippen und den toten Mann spielen. Daran, daß sie sprechen, merkt auch das dümmste Kind, daß sie nur so tun als seien sie tot.
Zum zweiten Punkt: Warum darf ein Schauspieler nicht zwei Rollen spielen? Dafür ist er doch schließlich Schauspieler. Er spielt doch nur den Onkel, zum Beispiel, aber er ist kein Onkel. Spielen kann er aber auch den Doktor. Die Tante kann die Lehrerin spielen, denn sie ist ja auch eine Schauspielerin und keine Tante. Außerdem wird doch öfters von den Schauspielern auf der Bühne erklärt, was sie spielen, damit Ihr nicht durcheinanderkommt. Der Fernsehmann sagt: „Ich spiele jetzt den Polizisten!" Die Tante sagt: „Ich bin jetzt die Lehrerin!" Und so weiter. Ihr vergeßt immer wieder, daß alles ein *Spiel* ist. Und spielen darf jeder jede Rolle. Ihr auch.
3. Der Kasten müßte nicht auf der Bühne zerhackt werden, finde ich. Wenn Herr Schmurks zum Schluß ins Zimmer kommt, sieht er den Mugnog nur zufällig, ist aber nicht auf der Suche danach gewesen, sondern er kam nur, weil schon wieder so ein Krach war. Deswegen hat er auch sein Beil nicht mit, sondern muß den Kasten in seine Wohnung bringen, um ihn kaputt zu machen.
4. Der Onkel darf auf keinen Fall richtig an den Krücken hinken. Er ist doch gar nicht richtig krank, sondern nur ein Jammerlappen, der von allen bemitleidet werden will. Er hat die Krücken nur, um allen zu zeigen, wie schlecht es ihm geht, was aber gar nicht stimmt. Er ist viel zu faul, auch noch künstlich zu hinken.
5. Natürlich sind die Reste der Holzkiste mehr als drei Bretter. Da habt Ihr vollkommen recht. Es waren auch mal mehr, aber die Kinder, die zu uns ins Theater kommen, haben schon eine Menge davon als Andenken mitgenommen. Denn eins könnt Ihr Euch doch denken: Wir können doch nicht jeden Tag die schöne Kiste richtig zerhacken. Wer soll denn jedesmal eine neue bauen? Also gibt es einen ganzen Mugnog und einen kaputten, das sind ein Haufen Bretter, die in der gleichen Farbe gestrichen sind wie die Kiste. Nach Eurem Brief habe ich natürlich sofort neue Bretter bemalt, und wenn Herr Schmurks jetzt mit dem zerhackten Mugnog erscheint, hat er einen ganzen Arm voll Brennholz dabei.

6. Das Mugnog-Lied könnte vielleicht länger sein und einen anderen Text haben. Ihr müßt aber daran denken, daß auch viel kleinere Kinder als Ihr zu uns kommen, die auch mitsingen wollen und vielleicht noch nicht lesen können. Bitte habt dafür Verständnis.

7. Warum der Polizist keinen echten Knüppel und keine echte Mütze haben muß, habe ich Euch, glaube ich, schon erklärt. Es ist doch alles nur ein Spiel. Wenn Ihr etwas spielt, muß es doch auch nicht mit echten Sachen geschehen, nicht wahr?

Das ist ja ein ganz schön langer Brief geworden. Ich hoffe, Ihr merkt daran, wie wichtig es für mich ist, was Kinder zum Kindertheater zu sagen haben. Eure Meinung ist auch viel wichtiger als die Meinung der Erwachsenen, denn das Theater für Kinder ist Euer Theater. Ich hoffe, daß Ihr uns noch oft besucht oder wir Euch. Und seid mir nicht böse, daß ich nach Eurem Brief nicht gleich alle Sachen geändert habe, die Euch nicht gefielen. Ich habe versucht, Euch zu erklären, warum es so und nicht anders sein sollte. Wenn ich Glück habe, habt Ihr mich sogar manchmal verstanden. Das würde mich freuen.

Viele, viele Grüße
Euer
gez. Rainer Hachfeld

Schöne Grüße auch vom Mugnog!

Nach „Maximilian Pfeiferling“ und „Mugnog-Kinder“ entstand die Kollektiv-Produktion „Balle, Malle, Hupe und Artur“ (1971) in gemeinsamer Arbeit von Schauspielern, Regisseuren und Autoren. Nicht nur diese Arbeitsweise ist das Neue an diesem Stück. „Balle, Malle, Hupe und Artur“ gibt den Kindern mehr Freiraum zum Mitmachen und Mitdenken, rückt weiter von Theaterzauber und Bühnentricks ab und bezieht sich genauer auf die reale Umwelt der Kinder als die bisherigen Stücke.

Noch entschiedener versucht das Volker Ludwig in dem jüngsten Stück „Trummi kaputt“ (Nov. 1971). Er schreibt dazu: „Mit ‚Balle, Malle, Hupe und Artur‘ und ‚Trummi kaputt‘ sind wir einen konsequenten Schritt weitergegangen. Am Anfang stehen nicht mehr lustige Grundeinfälle wie der Zahnlückenpfiff oder der Mugnog, die mit emanzipatorischen Inhalten gefüllt werden, sondern umgekehrt gründliche inhaltliche Überlegungen, aus denen schließlich Einfälle und Handlungen geboren werden. Die Stücke wurden realistischer, der reine ‚antiautoritäre‘ Spaß trat zurück gegenüber dem Spaß an der Solidarität der Kinder untereinander: in den Mittelpunkt rückten statt Familienkonflikten gesellschaftliche Probleme, soweit Kinder bereits mit ihnen konfrontiert werden; und das bisherige bürgerliche Milieu ist zunehmend proletarisch geworden, was gutbürgerlichen Kindern nicht schaden kann, und Unterschichtkindern, dem unterdrücktesten Teil unserer gesamten Wohlstandsgesellschaft, die sinnvollen Zuspruch am nötigsten haben, helfen soll, mit ihrer Umwelt ein wenig besser zurandezukommen.“

Trotzdem ist auch dieses Stück nur ein neuer Versuch für ein zeitgemäßes Kindertheater, ein Theater, in dem Kinder nicht zu willigen Bildungskonsumenten erzogen werden sollen, ein Theater, das sich nicht huldvoll zum Kind herabbeugt, sondern es als gleichberechtigten und ernstzunehmenden Partner anerkennt.

Hans-Wolfgang Nickel

# Grundformen des Kindertheaters und ihre didaktischen Forderungen

## 1. Grundformen

Bei dem Versuch, den Rahmen der Theater- und Interaktionspädagogik zu bestimmen und Teilbereiche zu beschreiben, wird vorerst von zwei leitenden Fragen die Rede sein müssen.
Zum einen: In welchen *institutionellen Formen* können Kinder heute am Theaterspiel teilnehmen? Wie unterscheiden sich die verschiedenen Institutionen durch die Ausübenden und ihre Ziele?
Zum anderen: Welche *Verhaltensweisen* sind kennzeichnend für Kinder, die mit Rollen- und Interaktionsspielen konfrontiert oder in sie einbezogen werden.

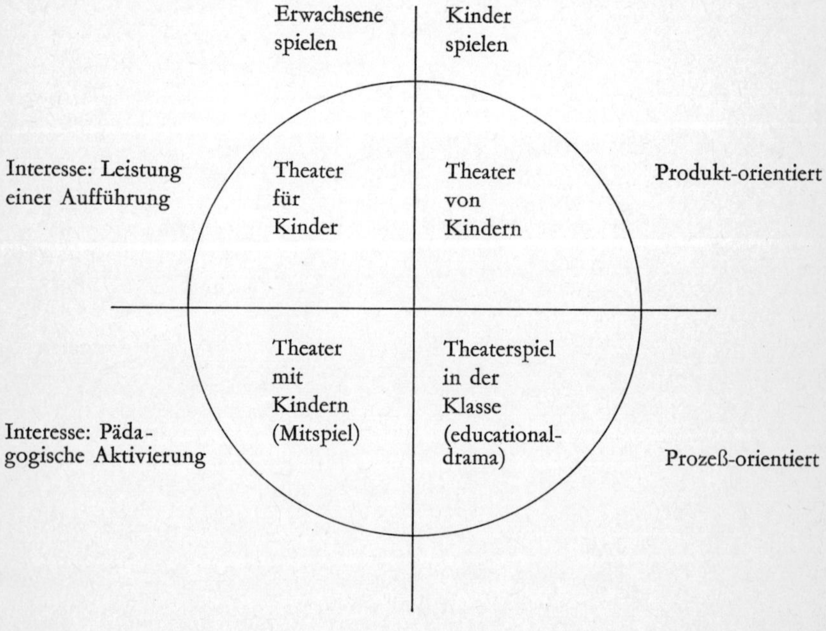

Für die Frage nach der institutionellen Form soll ein Schema von Valerie Gray herangezogen werden[1], das eine maßgebliche Unterscheidung zwischen professionellem Theater und dem Theater in der Schule (in Kinder- und Jugendgruppen) sowie zwischen Produkt- und Prozeßorientierung vorschlägt.

Das professionelle Theater für Kinder, so sagt die Autorin, kennt neben der Aufführung als Präsentation eines abgeschlossenen Produkts bereits das Mitspiel von Kindern, das die scharfe Rollentrennung von Spieler und Zuschauer durchbricht. Charakteristisch für diese Erweiterung ist die größere Aufmerksamkeit, die dem Spielprozeß gewidmet wird. Eine ähnliche Differenzierung hebt V. Gray für den Bereich der Theaterpädagogik in der Schule hervor. Beim Schau-Theater von Kindern tritt wiederum das Produkt — häufig die Reproduktion eines vorliegenden Stückes — als bestimmende (und nicht selten verderbliche) Größe auf. Das Theaterspiel in der Klasse erscheint mit seiner strengen Orientierung auf den Spielprozeß, also auf das tätige Kind und seine Bedürfnisse, als das eigentliche „Educational drama".
Diese erste Abgrenzung institutionalisierter Spielformen spricht bereits Gesichtspunkte der Theater- und Interaktionspädagogik an, die uns bei der zweiten Frage ausführlicher beschäftigen sollen: Welche allgemeinen Verhaltensweisen kann man bei Kindern in den jeweils verschiedenen Formen des Rollenspiels beobachten? — Hier soll und kann es nicht auf eine lückenlose Beschreibung ankommen, zudem mangelt es noch an einer speziellen, wissenschaftlich abgesicherten Begriffssprache. Trotzdem sollte es möglich sein, zu einem breiten und allgemein verständlichen Konsensus über diejenigen Verhaltensweisen zu kommen, die von Bedeutung sind für die Zielsetzung der Theaterpädagogik, die also Rollenübernahme üben, selbständige, ich-bewußte Rolleninterpretation erlauben, zur Erkundung, Erweiterung, Verbesserung des Rollenrepertoires führen und damit zur Befriedigung eigener Bedürfnisse.
Aus dieser Zielvorstellung heraus wird die Form der didaktisch angeleiteten Rollen- und Interaktionsspiele als günstigste Spielform betrachtet; sie wird damit die Beschreibung der anderen Formen beeinflussen.

---

[1] Grafik 1: Formen des Kindertheaters (V. Gray)
Vgl. *Valerie Gray* in: *Brandes, E.* und *Nickel, H.-W.* (Hrsg.): Beiträge zu einer Interaktions- und Theaterpädagogik, Berlin: Pädagogisches Zentrum 1971, S. 94 ff.

| | | Das Kind: |
|---|---|---|
| Vorführtheater durch Erwachsene | | ← beobachtet |
| | Vorführtheater von Kindern | ← spielt für andere |
| Mitspiel | | ← spielt mit |
| | didaktisch angeleitete Rollen- und Interaktionsspiele | ← spielt didaktisch angeleitet |
| Selbstgewählte Rollen- und Interaktionsspiele (in fiktiven Situationen) | | ← spielt |
| Rollenhandeln und Interaktionen (auf der realen Handlungsebene) | | ← handelt |

Das Schema betont in der Senkrechten die Distanz zwischen dem realen Handlungsraum des Kindes, der die Aufforderung zu Reaktionen vermittelt und Möglichkeiten zur Verwirklichung anbietet, und dem Verhalten des Kindes im *Schau-Theater,* wo es in einen fiktiven Handlungsablauf versetzt und mit einem fertigen Produkt konfrontiert wird, das als aktive Rollengestaltung wenig mehr als das Beobachten gestattet. Immerhin darf nicht übersehen werden, daß diese Verhaltensweise auch für die Auseinandersetzung mit der Wirklichkeit vonnöten ist: das Kind muß Signale und Symbole aufnehmen und deuten; dieser kognitive und emotionale Vorgang ist notwendige Voraussetzung für jede Interaktion und auch die Grundlage jedes Lernens am Modell. Versteht sich das Vorführ-Theater als eine „Schule des Sehens", so kann es durchaus eine wichtige Funktion übernehmen.

Mehr Interpretationsmöglichkeiten, mehr Gelegenheit zu individuellen Antworten, weniger aber an Rollenbreite erhält das Kind, das sich an der Einstudierung eines Theaterstückes beteiligt, das also *selbst Vorführtheater* herstellt. Sicherlich darf man die positiven Auswirkungen einer erfolgreichen Aufführung nicht unterschätzen. Sehr ernsthaft aber muß bedacht werden, wie die bloße Unterwerfung des Spielers unter die vermeintlichen Erfordernisse einer Aufführung verhindert und das freie Umgehen des Spielers mit dem Text, der Vorlage, dem Publikum gesichert werden können. Sehr ernsthaft ist fernerhin noch zu fragen, von welchem Alter an Kinder solche Aufführungen ohne Schaden leisten können.

Eine Variation des Vorführtheaters in Richtung auf aktive Reaktionsmög-

lichkeiten wird durch das *Mitspiel* von Zuschauern zu erreichen gesucht — eine Form, die zwischen der Präsentation eines fertigen, unantastbaren Produkts und dem didaktisch angeleiteten Rollen- und Interaktionsspiel einzuordnen ist. Meist dominiert eindeutig die Bestimmung durch den fixierten Handlungsablauf; nur selten gelingt es beim Mitspiel, den Kindern wirkliche Entscheidungsspielräume freizugeben.
Gerade diese Bereitstellung von Freiräumen ist das Kennzeichen des *didaktisch angeleiteten Rollen- und Interaktionsspiels.* Es artikuliert auf der Spielebene, was das Kind in der Realität erlebt; es variiert und zeigt Verbesserungen gegenüber dieser Realität auf; es erweist sich also als das pädagogisch wichtige Bindeglied zwischen Theater und Wirklichkeit und geht kritisch über die vom Kind *selbst gewählten Rollen- und Interaktionsspiele* hinaus, die zum größten Teil nur Wiederholung und damit Stabilisierung herrschender Gegebenheiten darstellen.
Im folgenden sollen die hier aufgezeigten Grundformen näher bestimmt werden; die Forderungen werden benannt, denen sie entsprechen müssen, wenn sie pädagogisch sinnvoll sein wollen. Exkurse behandeln Erscheinungen, die mehreren Grundformen gemeinsam sind.

## 2. Kommunikation im professionellen Vorführtheater: die Funktion des Zwischenrufs

Das Vorführtheater läßt dem Kind die geringste Möglichkeit zu aktiver Rollengestaltung; wie wenig weit sie gehen kann, läßt sich am Zwischenruf ablesen. Zwar ist er vor allem in kleineren Häusern als ein Zeichen eines besonderen Engagements erwünscht, aber er wird von den Theaterleuten viel zu wenig in seiner analytischen Funktion erkannt, von Lehrern häufig als unangemessen verpönt. Dabei hat zumal das jüngere Kind bis zum Alter von etwa acht Jahren ein deutliches Bedürfnis, in die Handlung einzugreifen; zumindest verbal will es diesem Bedürfnis genügen. Theaterpädagogen sollten sich darüber freuen. Zu einer wirklichen Interaktion mit seiner Zielgruppe kann das Theater nur dann kommen, wenn es alle Rückäußerungen seines Publikums ernsthaft registriert und analysiert und daraufhin seine Aufführung verändert. Während der spontane Zwischenruf der Kleinen hier verhältnismäßig einfach die Möglichkeit zu einem direkten Kontakt eröffnet, ist ein Feed-back von den älteren Zuschauern schwieriger zu erreichen; helfen können Befragungen, Diskussionen, Gespräche, Zuschauerbriefe, Applaus und vor allem die Art der Aufmerksamkeit während der Aufführung.
Zwischenrufe können also der Ansatz zu einem Dialog sein: sie müssen

beachtet und beantwortet werden. Werden sie lediglich grob provoziert, so handelt es sich meist um ein bloßes Eindrillen und Bestätigen von Verhaltensstereotypen.

„Sollen wir den bösen Krieg von der Bühne jagen?! JA! Dann schreit mal alle ganz, ganz laut! JAAAA"[2]

Ein solcher Zwischenruf sagt natürlich nichts aus; er kann es nur dann, wenn wirklich Entscheidungen offen gelassen werden oder spontane Äußerungen in die Bühnenhandlung einbrechen. Das ermöglicht vor allem das Figurentheater: die Zahl der Zuschauer ist hier meist nicht übermäßig groß (optimal scheinen 30—50 Kinder zu sein); die Kleinheit der Figur macht sie als Gesprächspartner akzeptabel. Und: diese Figur antwortet. Sie geht improvisierend auf das Kind ein und läßt den Spielverlauf wenigstens teilweise von ihm bestimmen. Sie wagt sich an einen echten Dialog mit dem Publikum. Hier hat das Figurentheater einen deutlichen Vorteil gegenüber der großen Bühne: seine Ensembles sind meist nur sehr klein und häufig seit Jahren aufeinander eingespielt; Puppenspieler entwickeln ihre Stücke in Improvisationen mit ihrem Publikum und verändern sie in jeder Aufführung erneut. Innerhalb des professionellen Vorführtheaters verwirklichen sie immer wieder Momente von „didaktisch angeleiteten Interaktionen".

Meist aber dienen Rufen und andere akustische oder gestische Beteiligung am Bühnengeschehen nur einer vertieften Anmutung und weiteren Bindung der Kinder an den feststehenden Verlauf und das fertige Produkt:

wenn sie etwa zu schweren Arbeiten auf der Bühne Hau-Ruck rufen, in Segel blasen, Sturm akustisch untermalen dürfen usw.

Das ist als Stützung der inneren Beteiligung durchaus von Nutzen. Gefährlich für die Entwicklung der zuschauenden Kinder aber scheint es mir zu sein, wenn sie (etwa bei bekannten Märchen) aus besserem Wissen heraus den feststehenden Handlungsablauf verändern wollen, die Schauspieler aber, weil darauf unvorbereitet, an ihrem Text festhalten müssen.

„Iß den Apfel nicht, er ist vergiftet", rufen die Kinder. Was die Schauspieler „nur" als Märchenspiel meinen, akzeptieren die Kinder in diesem Augenblick als ihre Wirklichkeit und erleben voller Intensität bei der Aufführung, daß besseres Wissen nichts bedeutet, daß das Schicksal oder was auch immer unbeeinflußbar seinen Gang geht, daß Aufklärung (durch

[2] Hier und im folgenden werden Beispiele aus der Internationalen Gastspielreihe der Akademie der Künste zitiert; in diesem Fall handelte es sich um das italienische Stück „Hopla".

die Kinder) die Dummen, die nicht aussterben, nicht erreicht. Würden die Schauspieler diesen Zwischenruf ernst nehmen (wie er es verdient!), dann müßten sie ihre nächste Aufführung verändern (sie könnten z. B. einen Kommentator einführen, der den Kindern erklärt: „Ihr wart damals nicht dabei, um Schneewittchen zu warnen; deshalb nahm sie den Apfel"; und schon wäre das illusionistische Zaubermärchen auf dem guten Wege zum epischen Theater). Verändern die Schauspieler nicht, handeln sie fahrlässig. Was sich aus solchen Zwischenrufen und Anmerkungen der Kinder an Verbesserung an einem alten Stoff ergibt, läßt sich beispielsweise an der Aschenputtel-Bearbeitung studieren (vgl. S. 108).

### 3. Drill und freie Bewegung im Vorführtheater von Kindern

Wesentlich größere Möglichkeiten kann das Theater von Kindern eröffnen, in dem Kinder als Darsteller tätig werden. Es ist jedoch nicht damit getan, sie als Marionetten, als Vollzugsbeamte eines allmächtigen Lehrer-Spielleiters agieren zu lassen: sie sollten möglichst Inhalt und Form, Handlung und Text, Regie und Bild der Aufführung von sich aus entwickeln dürfen. Doch schützt Selbsttätigkeit noch nicht vor Abwegen: auch der selbstgeschriebene Text kann spieltötend und fordernd, fremd vor der Gruppe stehen, die ihn geschrieben hat; auch eigene Bewegungen, die in der Probe lustvoll erlebt und gestaltet wurden, können in der Aufführung zu ödem Drill werden; auch eine Gruppe, die sich in Improvisationen frei spielte, kann sich in Improvisationen mit ihrem Publikum verspannen, verkrampfen. Trotzdem würde ich das Agieren von Kindern vor Publikum nicht völlig ablehnen; schon die Bewährung, vor einem größeren Forum öffentlich zu reden, ist politisch-pädagogisch nützlich. Aber jede Aufführung bleibt ein Risiko, das der Theaterpädagoge genau kalkulieren muß.

Er kann es verringern: wenn die Aufführung möglichst wenig „aufgesetzt" wird, sondern sich (nahezu) zwanglos aus der Arbeit der Gruppe ergibt; wenn sie möglichst wenig als besondere Leistung, viel eher als lustvoller Vollzug erlebt wird; wenn sie möglichst wenig als genaue Rekapitulation eines Feststehenden, zu Reproduzierenden erscheint, viel mehr zur spontanen Schöpfung aus einer neuen Situation (eben der Begegnung mit dem Publikum) wird: wenn sie möglichst wenig als „an sich" bedeutsam angesehen wird, sondern erst in der Auswirkung auf ein Publikum ihre Berechtigung erfährt; wenn sie genauso der Entwicklung der spielenden Gruppe unterworfen bleibt, wie jede einzelne Probe dieser Entwicklung dient.

Noch einmal muß betont werden, daß selbstverständlich auch die von Kindern selbst gestaltete Aufführung durch den Theaterpädagogen didaktisch verantwortet werden muß. Es nutzt nichts, sich auf die Kinder herauszureden: daß sie etwa das Stück so geschrieben hätten, also auch so empfänden. Kein Lehrer wird es zulassen, wenn seine Klasse sich verabredet, einen unbeliebten Mitschüler zu schikanieren. Genau so unterliegt es der didaktischen Reflexion des Lehrers, unter welchen Umständen etwa das Auftreten einer Hexe in einem von Kindern entworfenen Stück akzeptabel ist: Beim Theaterspielen geht es ja nicht um die möglichst unverfälschte Projektion von Vorhandenem (das wäre etwa beim Stegreifspiel zunächst durchaus richtig und erlaubt), sondern es geht darum, daß durch Probe und Aufführung Verantwortbares stabilisiert, hingegen Falsches und Gefährliches abgebaut wird. Diese Verbesserung mit Hilfe des Rollenspiels anzuleiten und durchzuführen, ist der Theaterpädagoge angestellt. Seine Verantwortung erstreckt sich auf alle Bereiche des Spiels (Bild, Musik, Geste, Ausdruck usw.), wir erläutern sie ausführlicher an inhaltlichen Fragen.

### *Exkurs über die Wichtigkeit der Story*

Bei allen Formen des Kindertheaters, im professionellen Vorführtheater wie beim Eigenrollenspiel, muß das Kind die Handlungsführung überprüfen können; die Story muß seiner Kontrolle unterliegen. Das ist eine Grundvoraussetzung pädagogisch brauchbaren Theaters.

Einfach immer nur Staunenswertes über Kinder auszugießen, sie revueartig mit Bildern voller Schaulust, mit optischen und akustischen Reizen zu überfluten, kann sie in einen Begeisterungstaumel versetzen, kann ihnen das Vergnügen hohen theatralischen Reizes bereiten; aber es bleibt bei einem oberflächlichen Vergnügen, das nichts beiträgt zur Emanzipation, nichts zur Einsicht, nichts zur Erkenntnis, nichts zur Aufklärung.

Diese Grundüberlegung führt zunächst zum *realistischen Stückinhalt,* weil hier das Kind ohne besondere Vorkehrungen das Gezeigte oder von ihm Gespielte aus seiner Realitätserfahrung heraus kontrollieren kann. Das realistische Stück verlangt aber nun vom Stückeschreiber, daß er nicht aus seinem weiteren Horizont etwas über die kindliche Realitätserfahrung Hinausreichendes hinzugibt. Hier wird, für das zuschauende wie für das spielende Kind, das realistische Stück zum Zaubertheater. Der Theatermacher muß also, wenn er annimmt, daß Kinder über gewisse, notwendige Bereiche der Realität nicht Bescheid wissen, schon in der Exposition, also zu Beginn, die notwendigen Informationen vermitteln; erst dann kann er guten Ge-

wissens (didaktisch verantwortet) das Umgehen mit der Information, die Auswirkungen der Information zeigen; erst dann stellt er eine geplante und kontrollierbare Lernsituation her und muß nicht darauf vertrauen, daß eine von ihm angerichtete Verwirrung nachträglich geklärt wird.
Das Prinzip der Nachprüfbarkeit bedeutet aber nicht von vorneherein Verzicht auf *Märchenhaftes* oder Fabulöses. Nehmen wir das stärkste Beispiel: den Zauberer. Wenn in der Exposition klargelegt wird, wie groß seine Macht ist, wie weit sie reicht, was er kann und wie er handelt, wenn zumindest sein Verhalten mit diesen Leitfragen exploriert wird (etwa von dem Helden der Handlung), dann kann der Zuschauer kontrollieren, wie die anderen Bühnenfiguren mit der so gesetzten Macht umgehen. Ist der Zauberer aber ein unberechenbarer, unerschöpflicher Quell von Spontaneität, zieht er ständig neue Bedingungen, Kräfte, Tricks aus seinem Zylinder, so kann er schließlich nur durch den Deus ex machina einer guten Fee, von der vorher nie die Rede war und die just gegen Stückende des Weges kommt, ausmanövriert werden; das ist vielleicht ein Stück Unterhaltung, aber keine gute.
Wichtig ist also, daß das Kräftefeld *offen* gezeigt wird, daß die Bedingungen (Normen) dieses Kräftefeldes klar gelegt werden, daß sich kontrollierbare Beziehungen innerhalb dieses Kräftefeldes bilden, bekämpfen, ausgleichen. Es ist wichtig, daß der kindliche Zuschauer oder Mitspieler hierin Einsicht erhält; daß Theater ihm also Einblick in ein lebendiges Modell der Wirklichkeit gewährt — gleichsam wie die Automobilausstellung den Blick unter die Motorhaube oder den Querschnitt durch den Motor.
In dieser Simulation, die den vollen sinnlichen Reiz der Wirklichkeit noch übertreffen kann, ist Theater jeder anderen Darstellungsform überlegen.
Theater kann noch mehr. Wenn Lessing dem nach Erkenntnis Strebenden rät, „zu vergleichen, und Acht zu haben, ob er durch die Vergleichung nicht von selbst auf Dinge kommt, die ihm noch nicht gesagt worden“, wenn er es für förderlich hält, „beständig aus einer Szienz in die andere hinüberzusehen“[3], so kann Theater diesen intellektuellen Vorgang körperlich machen, kann leibhaftig eine Fabelwelt auf die Bühne bringen, die im Ver-

---

[3] Zitiert nach *Gottfried Hausmann:* Didaktik als Dramaturgie des Unterrichts, in: Anthropologie und Erziehung, Bd. 2, Heidelberg: Quelle & Meyer 1959, S. 72. Bei dieser Gelegenheit sei auf Hausmanns Buch noch einmal hingewiesen. Das Schulspiel von 1959 hat es versäumt, seine Gedanken aufzunehmen und sich damit eine solide Grundlage zu verschaffen. Es ist zu hoffen, daß jetzt mit der revidierten Rollentheorie nicht ähnlich verfahren wird. Ungeachtet dessen bleibt die Aufgabe, Hausmanns Ansatz in das Schulspiel einzuarbeiten.

gleich mit der Realitätserfahrung nun die Wirklichkeit schärfer konturiert, klarer erfahren läßt.

In dem italienischen Stück „Hopla" waren es Weltraumwesen, die immer groß sind und keine Kinder kennen, sich also von den kleinen Zuschauern aufklären lassen müssen. Aber der gute Ansatz wird nicht genutzt zur Aufklärung und Selbstvergewisserung: Wie ist das, wenn man klein ist? Was würde geschehen, wenn alle gleich groß sind? Die Schauspieler waren gar nicht interessiert an einem echten, offenen Gespräch über diese Fragen; sie brauchten lediglich einen Pausenfüller, damit sie Zeit gewannen, sich umzuziehen. Sie hatten nämlich längst eine Szene einstudiert, in der eben diese Fragen behandelt wurden. Und sobald sie ihre Garderobe angelegt hatten, mußten die Kinder wieder hübsch schweigen und zuschauen. — In „Ignatz der Tiger" (Figurentheater Steinmann) bekam ein kleiner Strauß plötzlich große Augen und wunderte sich: „Seid ihr aber komische Vögel! Ihr habt ja keine Federn!" — Die Kinder sind provoziert und widersprechen; der Ansatz wird im improvisierten Dialog mit den Zuschauern ausgebaut zu einem umfassenden Vergleich Mensch — Vogel, der Lebensgewohnheiten, Lebensgesetze klärt. — Ein letztes Beispiel: Wim Zomers Antikriegsstück „Ameisen" zeigt eine Szene in einer Ameisenschule. Man sieht die kleinen Ameisenschüler beim Aufsagen von Merksprüchen: „Der Mensch ist ein schädliches Wesen . . . Kriechendes Leben steht höher als fliegendes Leben, höher als gehendes Leben. Warum ist das so: weil die fliegenden Wesen nicht kriechen können." Hier macht eine einsehbar absurde Situation (diese blöden Ameisen) schon Kindern die Relativität von Standpunkten klar und setzt eine witzige Erfahrung gegen Dogmatismus und Recht-haberei.

Jedes solcher absurden Einsprengsel muß überlegt und überprüft sein. Das gilt auch von Einfällen, die *von Kindern selbst* stammen. Ihre Entwürfe, Szenen, Texte, bringen willkommenes Material zur Analyse kindlicher Gedankeninhalte; sie sind aber in aller Regel unbrauchbar als pädagogische Muster für andere Kinder. Denn sie sind Produkte eines bereits stattgehabten Sozialisationsprozesses, sind Wiedergabe viel eher von Klischees über Theater als von echten eigenen Erfahrungen. So kamen 7- bis 8jährige Kinder in Zusammenarbeit mit dem Teatro Stabile zu folgender grauslicher Story, die sie *Die Stadt der Tiere* nannten; sie wurde vom Theater einstudiert und anderen Kindern wiederum vorgespielt.

„Vater und Mutter gehen mit ihrem kleinen Sohn im Stadtwald spazieren. Während sie ein kleines Verschnaufschläfchen halten, wird das Kind von einem Riesen — symbolisiert durch eine riesige Hand — geraubt. Die Mutter bittet den Magier um Hilfe, der sofort — weil einem Kind geschadet wurde — alle Einwohner der Stadt in Tiere verwandelt. Dadurch haben die kleinen Autoren während der folgenden Suchaktion die Möglichkeit, die Erwachsenen in den Masken der Tiere so zu zeigen, wie sie sie sehen. Der geraubte Junge lebt am Meeresgrund bei einem Riesen und seiner Frau, die die Herrschsucht der Erwachsenen über das Kind symbolisieren. Er wächst dort heran, kann sich mit Hilfe von Freunden befreien, findet seine

Mutter wieder, und da nun die Gerechtigkeit wiederhergestellt ist, werden auch die Tiere wieder in Menschen zurückverwandelt." (Aus dem Programmzettel)

Abgesehen von vielem anderen: Kindern von einem Riesen zu erzählen, der Kinder entführt, scheint mir unverantwortlich; als Hilfe gegen Kindesentführung nicht die Polizei, sondern einen Magier anzupreisen, nicht minder. Zudem werden Kinder, die ein solches Stück auf dem Theater gesehen haben (und natürlich starke emotionelle Eindrücke empfingen), eine ähnlich krude Geschichte zu Papier bringen, wenn sie ein Theaterstück entwerfen sollen.
Der Lehrer (oder der Theatermacher) muß also in jedem einzelnen Fall neu prüfen, ob eine Szene, ein Satz, eine Handlungsführung verantwortbar (aufklärend, sinnvoll, aussagekräftig) ist.

Nicht ein Kaiser auf der Bühne sollte den Regenschirm erfinden: der sowieso schon Mächtige, dessen Macht unerklärlich bleibt, dokumentiert sie nur neu (nach dem Motto: Es ist so, wie es ist), — viel eher zeigenswert ist der Wasserscheue, der einen Defekt hat, der ihn bei Kindern sogar lächerlich macht: er kommt aus seinem Defekt heraus zum Nachdenken, daher zu einer Erfindung.
Nicht also die Dorfschöne herausstellen, die heiraten möchte (angeblich einziges Lebensziel der Frau), sich passiv von allen möglichen Freiern besuchen läßt und dann ausgerechnet den Offizier nimmt wegen seiner glänzenden Uniform. Sehr wohl hingegen erfüllt pädagogische Ansprüche der Knabe Zivorad: „Er trinkt Kaffee und bekommt deshalb einen Schnurrbart. Wenn er schon einen Schnurrbart hat, könnte er einen Säbel und eine Mütze brauchen, um General zu werden. Wenn er schon General ist, könnte er in einen Krieg gehen. Im Krieg aber wird ihm der Schnurrbart abgeschossen, und der Säbel und die Mütze gehen ihm auch verloren. Der kleine Zivorad will keinen Säbel und keinen Krieg mehr." (Beispiele aus dem jugoslawischen Programm „Auf den Buchstaben, auf den Buchstaben").
Es geht also nicht um den großen Helden, der ein für allemal gut ist und richtig handelt (der alte Kasper also), sondern um den Menschen (oder das Tier) mit seinem Widerspruch: in der französischen Aufführung „Le Roman de Renard" sind die Kinder durchaus für den Fuchs, wenn er die Bauern prellt; aber sie sind gegen ihn auf seiten der Hühner, noch mehr des Eichhörnchens, wenn die kleinen Tiere vor seiner Freßgier fliehen.
Wenig Einsicht vermitteln die Bauern, die ein für allemal dumm und dumpf sind (wie in eben dieser französischen Aufführung), viel differenzierter erscheint die soziale Wirklichkeit in der Figurentheateraufführung „Eins zwei drei, da kommt die Polizei", wo ein Polizist als Vater und im Dienst einer nervösen Oma und einem vermeintlichen Dieb gegenüber anders agiert; wo er spielende Kinder auf Wunsch einer alten Dame vertreibt, diese aber anschließend anraunzt: „Die Kinder wollen doch auch spielen." Zeigenswert auch die Wache beim „Herrn Pimpipan": sie erfüllt ihre Pflicht, obwohl es ihr leid tut, dann aber steckt sie dem Gefangenen einen Schlüssel zu, damit er entwischen kann.

Ein Mensch in mehreren Positionen also; Aufzeigung von Rollenambiguität, Rolle gezeigt als abhängig von Erwartungen. Nicht eine unbefragte, unbefragbare metaphysische Instanz, der der Mensch, das Kind, hilflos ausgeliefert ist. Auch der Erwachsene darf diese Instanz nicht sein, auch er muß erklärbar, durchschaubar, bedingt gezeigt werden. Theater der Offenheit also: und diese Offenheit sollte auch auf das Theater selbst bezogen werden, indem es seine Spielregeln erläutert (vgl. Hachfeld, S. 117 ff.).
Zwei Themenbereiche sollen noch abschließend mit einigen Beispielen erläutert werden. Es geht zum einen um die Vermittlung technisch-naturwissenschaftlicher Elementarkenntnisse, zum anderen um *die Fixierung der Geschlechtsrollen.*

Wenn Kindertheater die Emanzipation der Frau nicht weiterhin bremsen will, darf es keine „Prinzessin auf der Erbse" mehr spielen, dann braucht es die aktive Heldin (wie immer wieder im Theater für Kinder im Reichskabarett; man denke etwa an „Stokkerlok und Millipilli", vgl. Hachfeld S. 118). Man sollte aber auch in Kleinigkeiten aufpassen; es sollte nicht unbedingt ein männlicher Darsteller den Hahn spielen, der wacht, mutig ist, kräht; die Schauspielerin das dumme Huhn (Le Roman de Renard).

Diese scheinbaren Nebensächlichkeiten sind wichtig; sie summieren sich zu einer Last für die expansiven kleinen Theaterbesucherinnen. An dieser Stelle läßt sich auch zeigen, wie wissenschaftliche Aussagen erst auf Grund eines umfassenden pädagogischen Konzepts in die Theaterpraxis umgesetzt werden können. Wenn Müller (vgl. S. 59) erläutert, daß der Mann als Modell wirksamer ist als die Frau, dann könnte das zu einer Praxis verführen, die alle wichtigen Sätze, Szenen, Aktionen (die also „ankommen" sollen) immer wieder männlichen Darstellern überträgt. Das ist auch auf dem Kindertheater weithin der Fall. Genauere Überlegung aber müßte dazu führen, hier gegenzusteuern, also bewußt wichtige Entscheidungen weiblichen Rollenträgern zu übertragen: Verzicht auf die Effektivität in bezug auf diese Entscheidung wird mehr als aufgewogen durch eine vergrößerte Effektivität in bezug auf die Emanzipation der Frau.
Auch mit der Beachtung *technisch-naturwissenschaftlicher Elementarkenntnisse* ist es auf dem Kindertheater häufig schlecht bestellt.

Da wiegen sich etwa Tüten ohne Beachtung der Hebelgesetze, aber mit genauen kg-Angaben auf einer Wippe (in dem jugoslawischen Programm); Regenmacher, Wetterhexen, Sonnenzwerge, Mondmänner verwirren alle Begriffe („Peterchens Mondfahrt" und ähnlicher Unsinn). Möglich allerdings erscheint mir, wenn die Aussagen als poetisch-fabulös zu durchschauen sind: wenn also unter Wasser ein ertrunkener Seebär alte Schuhe an die Angeln hängt, um seine Freunde, die Fische, zu schützen (Theater für Kinder im Reichskabarett, „Reise nach Pitschepatsch").

## 4. Erfordernisse des Mitspiels

Schon das Vorführtheater ist nur dann pädagogisch wertvoll, wenn es *Einsicht* in die Handlungsführung erlaubt. Diese Forderung gilt um so mehr beim Mitspieltheater. Hier soll ja innerhalb eines festgelegten Stückes der Zuschauer vom bloßen Betrachter zum Mitspieler werden; er soll sich also aktiv an der Ausgestaltung des Stückes beteiligen können. Wenn das nicht ein bloßes Versprechen bleiben, wenn nicht nur blinder Aktionismus entfesselt werden soll, dann muß der Mitspieler zunächst informiert werden: über die Situation, den Spielraum, die Spielmöglichkeiten, über den Freiraum also, den das Mitspieltheater innerhalb seines abgeschlossenen, festgelegten Konzeptes für den Zuschauer (= Mitspieler) zur Verfügung stellt, in dem er (alle, einzelne, einer, auf vorgesehene Aufforderungen hin) Rollen übernehmen und ausgestalten kann. Wirksam wird dieser Freiraum nur, wenn das Kind erfahren kann, wie es in einen Spielvorgang einbezogen wird, wie es ein Angebot ergreift, wie es eine vorgegebene Rolle übernimmt und interpretiert, wie es auf den weiteren Verlauf des Stückes Einfluß nimmt. Ist diese Einflußmöglichkeit gar nicht gegeben (wie allzu oft beim Mitspieltheater), dann wird die kindliche „Einlage" zur bloßen Arabeske, zum modischen Schnörkel. Sie dürfen ein bißchen auf der Bühne tanzen, ein Gedicht aufsagen, einen Witz erzählen; sie dürfen einmal die Krone des Königs aufsetzen oder den Schleier der Prinzessin anprobieren, sie kommen dabei durch die körperliche Nähe zur Bühne durchaus zu einem intensiven Erleben (vgl. Müller, S. 65 f.); sie zeigen aber vor allem, wie süß oder wie kess sie sind, damit Oma auch zum nächsten Kindergeburtstag wieder eine Theaterkarte spendiert; kostenlose Reklame für das Schautheater, die mit der Langeweile und dem Neid derjenigen bezahlt werden, die nicht auf die Bühne klettern durften. Mitspieltheater als überaus schwierige Form des Kindertheaters aber hat nur dann Sinn, wenn es die Kinder von der Konfrontation mit einer fremden, neuen Sache hinaus über die partielle Teilnahme zu echter Mitbestimmung des weiteren Spielverlaufs führt. Das ist zunächst eine Frage der *Zahl:* wie viele Kinder können selbstbestimmte Rollen übernehmen, wie viele darf ich also zum Mitspiel zulassen? Will ich die ganze Gruppe zum Mitspiel einladen? Wie kann ich die Aufführung trotzdem so interessant gestalten, daß sie auch den zuschauenden Kindern Freude macht? Wie kann ich wenige Mitspieler aus vielen Bewerbern auslesen, ohne Wettbewerbe zu installieren, Kinder grob zurückzuweisen? Zweifellos abzulehnen ist es, wenn die Schauspieler eine Art von Polizeikordon bilden, um spielwillige Kinder von der Bühne zu drängen; unverantwortbar ist es auch, die wenigen glücklichen „Mitspieler" nun auch noch mit Bonbons und Luftballons zu belohnen. Da wird Mitspieltheater vollends zum Bunten Abend (Beispiele aus „Hopla“).

Schwierig ist ferner die Bestimmung des *Tempos* im Mitspiel: Kinder brauchen Zeit, um ihr Spiel zu entwickeln. Und mit Bedacht muß das *Spielmaterial* ausgewählt werden: es kann für Kinder einen derart starken Aufforderungscharakter entwickeln, daß sie unter Umständen das Theaterspiel völlig vergessen.

Fordert man sie etwa auf, eine Hütte für „Pu, den Bären“ zu bauen, so brauchen sie Muße, um wirklich eine Hütte zustandezubringen. Gibt man den kleinen Mitspielern ungeeignetes Material, so muß man ihnen einen ganzen Nachmittag zur Verfügung stellen, damit sie geeignete Bretter erst einmal organisieren können. Kann man nicht so lange warten, darf man die Kinder gar nicht erst zum Bauen auffordern; oder die Theaterleute müssen für Baumaterial sorgen, das auch in kürzerer Zeit zu einem für die Kinder annehmbaren Ergebnis führt.
Bei dem „Indianer Gupia“ stellte man den Kindern zunächst eine Fülle von Lärminstrumenten (Rasseln, Trommeln, Pfeifen usw.) und bemalte Pappkartons zur Verfügung; dieses Material war aber in keiner Weise zwingend auf die Spielidee hin geordnet; die Kinder inszenierten also selbst und entwickelten mit Freude und Intensität einen Rummelplatz, zeigten aber dann wenig Lust, ihre Geräuschorgien und Bewegungsspiele zugunsten einer Geschichte einzustellen, die ihnen plötzlich über Mikrophon erzählt wurde, weil die „richtige“ Aufführung ja schließlich beginnen mußte.

Mitspieltheater fordert also auch die einfache, verwandelbare szenische Form. Dekorationsteile müssen so gearbeitet sein, daß man viel mit ihnen anfangen kann (z. B. Würfel). Primitivität ist hier positiv (Vgl. Hachfeld, S. 118). Ob nun ein Schnellzeichner die gewünschten Dekorationen entwirft oder anschreibt, ob Kinder neue Dekorationen aus vorgefertigten Teilen zusammenbauen, den Schauspieler kostümieren oder beim Schminken helfen: wichtig auch hier, daß vorab die notwendige Information gegeben wird; daß zuerst erkundet wird, welches Material vorhanden ist und was sich mit ihm anfangen läßt; erst dann geht es an die szenische Erfindung.
Setzt man aber ungegliederte Aktivität von Kindern einfach frei, so kann es nur zu einem Nebeneinander von vielen spielenden Kindern führen oder von Gruppen; das ist als Lockerungsübung im Rahmen eines kreativen Rollen- oder Interaktionsspiels durchaus von Nutzen; aber es ist Spielplatz, kein pädagogisch gezieltes Theater. Mitspieltheater lebt davon, daß es zunächst Spielraum und Spielregel bestimmt. Innerhalb der Freiräume aber sollten die Kinder wirklich frei agieren können. Es ist dann nicht mehr nötig, sie mehr oder weniger energisch von der Bühne zu schieben, weil es jetzt „richtig losgeht“; es ist nicht mehr nötig, ihnen Requisiten wieder wegzunehmen, weil sie jetzt „wirklich gebraucht“ werden; es ist nicht mehr

nötig, sich mit dem Gewaltinstrument Mikrophon die gebührende Aufmerksamkeit zu verschaffen, damit endlich die Schauspieler „Theater machen" können und ihren präparierten Text loswerden. Und es ist dann auch nicht mehr nötig, Kindern eine Wahl anzubieten, und dann beim Zählen der Stimmen grob zu manipulieren, um das gewünschte Wahlergebnis zu erreichen. Sind also zum einen die Schauspieler wirklich bereit und fähig, auf die Impulse der Kinder einzugehen, also ins Offene zu spielen, hat man andererseits den Kindern zunächst *Verhaltensmuster* gegeben und sind die Motivationen des Spielmaterials sorgfältig überlegt, so kann Mitspiel zu einer guten Form des Kindertheaters werden, die mehr erbringt als die bloße Nähe zum bewunderten Bühnenstar (vgl. Müller, S. 64 ff.).
Simpelster Rückgriff auf ein bekanntes Verhaltensmuster ist das *Interview:* es ist eigentlich ein ausführlicher Zwischenruf, der von dem Interviewer eingeleitet wird. Meinungen der Zuschauer können in ihm erkundet, Alternativen können zur Verfügung gestellt werden. Probleme können vor oder nach ihrer spielerischen Darbietung in einer Art von Unterrichtsgespräch geklärt oder vorgeklärt werden; abweichende Meinungen können zu Wort kommen. Wichtig aber auch bei dieser einfachsten Form eines bloßen Mitsprechens, daß die Schauspieler mehrere Übergänge zur Verfügung haben, um von dem Interview wieder zu ihrem Stück zurückzufinden; daß Interviewaussagen in irgendeiner Form einen Einfluß haben auf die nachfolgenden Szenen. Inszenierungen, die sich auf das Abenteuer des Mitspiels einlassen, müssen in der Art von verzweigten Programmen mehrere Abläufe vorbereitet haben und zusätzlich bereit sein, sich offen auch auf nichtgeprobte Ansätze einzulassen. Hier nähert sich das Mitspiel in seiner Form einer Unterrichtsstunde: auch hier liegt ein didaktisches Konzept vor, das durch die Mitarbeit der Schüler immer wieder verändert wird. Zugleich kann dieser Vergleich deutlich machen, welch hohen pädagogischen Anspruch das Mitspiel vertritt, auch wenn es ihn bisher nur ganz selten erfüllt.

*Exkurs über Aktionsspiele als Sonderformen des Mitspiels*

Aktionsspiele mit festen oder wechselnden Mitspielern können eine gute Möglichkeit sein, Wirklichkeit zu simulieren. Sie sind dem Planspiel verwandt, werden aber in ihrer Abstraktion nicht so weit getrieben und sind deshalb häufig mit einem beträchtlichen Materialaufwand verbunden, der sie für die Schule nur schwer realisierbar macht. Sie tragen immer deutlichen Projektcharakter, so daß sich beispielsweise auch Entwurf, Gestaltung und Durchführung einer Ausstellung als Aktionsspiel verstehen ließe, so wie auch die Einstudierung und Aufführung eines Theaterstücks über das Spielen des Stückes selbst hinaus ein Aktionsspiel ist (die Schüler „spielen": Beleuchter, Coca-Verkäufer, Materialeinkäufer, Garderobenaufseher; sie kalkulieren, schneidern, kaufen und verkaufen usw.). Auch ein Verkehrsgarten vermittelt eine gute Vorstellung von einem Aktionsspiel; Turnhallen sind für abstrahierte körperliche Aktionsspiele gebaut.

In Berlin gibt es in der Kulmer Straße einen Spielclub. Er „besteht seit Oktober 1970. In einer 360 qm großen Fabrikhalle hat eine Gruppe von acht Künstlern mit Kindern des Viertels eine kleine Stadt aufgebaut. Zu uns kommen regelmäßig 30—40 Kinder. Manchmal sind auch an die 80—90 da. Wir haben in unserer Stadt den Kapitalismus gespielt. Was das ist, lest ihr auf den nächsten Seiten. Ihr werdet auch erfahren, warum wir den Kapitalismus nicht mehr weiterspielen wollen ...

Das, was wir im Spielclub machen, wie das Geld verdient wird, nennt man Kapitalismus. Die Ladenbesitzer, die durch Zufall ihre Läden und Geräte (Kocher, Kühlschrank oder das Waffeleisen) bekommen haben, sind reich geworden. Die Kinder, die für Stundenlohn gearbeitet haben, blieben arm, und bald machte ihnen das Arbeiten bei den Chefs keinen Spaß mehr.
Die Bank scheffelte das meiste Geld. Keiner kann die Bank kontrollieren. Niemand weiß, wieviel die Bank an den Läden verdient und am Waffelteig, dem Himbeersirup usw.
Der Bank ist es egal, wie jemand reich wird, ob er heimlich die anderen übers Ohr haut, ob er es den Kleinen einfach wegnimmt. Der Bank ist es auch egal, daß das Verkaufen und Geldscheffeln nur den Kindern Spaß macht, die Läden haben. Die Bank wird nur wütend, wenn sie selbst beklaut wird. Aber mit einem Banküberfall schadet man dem Kapitalismus nur wenig. Selbst wenn die Bankräuber hier im Club das Geld nicht zurückgezahlt hätten, die Bank wäre wieder zu ihrem Geld gekommen. Sie hätte nämlich einfach die Mieten und die Preise für den Teig, die Kekse und den Sirup erhöht ...
Turgay hat seine Waffeln viel zu teuer verkauft, Mike hat andere für sich Hemden färben lassen. Er selbst hat am meisten verdient und konnte sich eine Waffel nach der anderen leisten ...
Auf den nächsten Seiten könnt ihr lesen, wie es die Fotokommune macht ... Das Geld gehört allen Kindern der Kommune. Bei uns gibt es keinen Chef, weil wir gesehen haben, daß zum Beispiel in den Läden nur die Chefs genug Geld und Spaß haben. Wir halten lieber zusammen und verteilen alles gerecht und bestimmen gemeinsam ...
Immer werden wir von anderen Kindern gefragt, ob sie nicht in der Kommune mitmachen können. Es hat aber keinen Zweck, mehr Kinder aufzunehmen als wir Fotoapparate haben und außerdem: Wenn in der Kommune noch mehr Kinder wohnen, wird es so eng, daß es gar nicht mehr schön ist und man auch gar nicht mehr arbeiten kann oder etwas besprechen." (Aus der Spielclubzeitung „Fests Magazin", Nr. 2, Mai-Juni 1971).
Dieses Modell wurde während des Kinder- und Jugendtheaterfestivals in verkürzter Form im Märkischen Viertel nachgespielt. Angekündigt wurde es als „Fest". „Fest

ist eine Mischung aus Spielen, aus Bauen und aus Theater. Fest wird gemacht von den Kindern auf dem Bauspielplatz, den Jugendlichen dort, Mitarbeitern von Hoffmanns Comic Teater, Mitarbeitern der Neuen Gesellschaft für bildende Kunst, Mitarbeitern aus dem Kindertheater im Märkischen Viertel. Alle Häuser und die Burg bleiben auch nach dem Fest stehen . . . Das passiert auf dem Fest: Donnerstag, 10. 6., bis Samstag, 12. 6.: Läden, Häuser und das Fort werden gebaut. Sonntag, 13. 6., wird das Richtfest gemacht. Montag, 14. 6., wird noch gebaut, und die Häuser werden gestrichen.
Do, 17. 6., macht die Bank auf und der Großhandel. Donnerstag bekommt jedes Kind, das mitspielen will, 25 Mark Spielgeld gegen 25 Pfennig echtes Geld. Ladenbesitzer und solche, die es werden wollen, können sich einen Kredit holen und beim Großhandel Waren einkaufen, die sie gegen Spielgeld weiter verkaufen können. Wer Arbeit sucht, geht zur Arbeitsvermittlung. Wer Streit hat, geht zum Anwalt. Wer was durchsagen will, geht zum Rundfunk.
Freiag, 18., und Samstag, 19. 6.: Die Läden verkaufen, das Fort wird bewacht, die kleinen Fabriken arbeiten.
Sonntag, 20. 6.: Kinderfest für Kinder aus dem Märkischen Viertel und anderen Bezirken."

Wenn ein solches Aktionsspiel pädagogisch verantwortet werden soll, dann muß gewährleistet sein, daß jede einzelne Lernsituation dieses Spiels positive Auswirkungen hat. Sieht man sich aber in einem längeren Lernprozeß gezwungen, das Kind auch *negative Erfahrungen* machen zu lassen, so muß man sicher sein, daß es den Erziehungsprozeß nicht vorzeitig abbrechen kann. Natürlich ist diese Forderung in ihrer rigorosen Form immer nur annähernd zu erfüllen. Nach meinen Beobachtungen aber machten auf dem „Fest" Kinder ständig negative Erfahrungen, die keinesfalls pädagogisch aufgearbeitet wurden. Sagen wir es konkret: das Spiel sollte vom Kapitalismus zum Sozialismus führen, von privater Raffgier zu gemeinsamer Lust. Viele Kinder aber erlebten nur Ausschnitte mit: sie erfuhren die Freuden, sich auf Kosten anderer zu bereichern; sie erlebten Handel und Wirtschaft als undurchschaubar, angstmachend; sie standen geduldig Schlange vor dem Bankschalter; sie kuschten vor Größeren oder unterwarfen Kleinere; sie wurden häufig von erwachsenen Spielführern zu Aktionen gebracht, die sie nicht überschauten. Es ist fraglich, ob all diese negativen Stabilisierungen durch das Erlebnis des gemeinsamen Festes aufgewogen werden können. Was aber ist mit den Kindern, die nur an einem der ersten Spieltage dabei waren?
Erschwerend kommt hinzu, daß alle offenen Angebote von Kindern ganz *unterschiedlichen Alters* besucht werden, daß die Lernsituationen also nicht altersspezifisch entworfen werden können und einen Teil der Kinder immer unter- oder überfordern müssen. Die negativen Auswirkungen solcher Spielaktionen dürften also beträchtlich sein; sie treffen, ganz gegen

den erklärten Willen der Veranstalter, vor allem die Kinder der Unterschicht, die zumeist ohne ihre Eltern den Aktionsplatz besuchen und des klärenden häuslichen Gesprächs entbehren müssen.
Die Schule als Zwangsverband kann pädagogische Situationen für eine bestimmte Gruppe von Kindern schaffen und diese bis zum geplanten Ende führen; sie kann Kontrollen einschalten und klärende Gespräche, daraufhin die Lernangebote neu fassen und differenzieren. Jugendheim, freies Mitspiel, professionelles Kindertheater müssen ihre freien Angebote kurzfristiger disponieren und allgemeiner halten, wenn ihnen an intentionalen und kontrollierten Erziehungsvorschlägen gelegen ist. Zu den Bedingungen des pädagogischen Theaters gehört also die relativ kurze, in sich sinnvolle Einheit, die kontrolliert und ergänzt wird durch andere Arbeitsformen, zu denen vorzüglich das Gespräch gehört.

*Exkurs über das Gespräch*

Jede pädagogisch wirksame Theaterform braucht das Gespräch (vgl. Krappmann, S. 48 ff; Zapotoczky, S. 79 ff). Nur in dem ständigen Wechsel von spielerischem Entwurf über analytische Klärung zu verbessertem spielerischem Entwurf, der wiederum im Gespräch geklärt wird oder in eine Veränderung der Wirklichkeit umschlägt, entsteht pädagogisches Theater. Veränderung von Wirklichkeit kann dabei etwas so Simples bedeuten wie die Verbesserung der Diskussionsfähigkeit einer Gruppe. Wenn sie, belastet durch ihr Engagement, über ein brennendes Problem nur schlecht miteinander diskutieren kann, so läßt sich in Spieldiskussionen Verhalten zunächst einmal deutlich machen, dann im Gespräch klären, dann in weiteren Spieldiskussionen ein verbessertes Verhalten eintrainieren, das schließlich auch für echte Problemdiskussionen zur Verfügung stehen kann. Dabei bedeutet die Phase des Gesprächs die *Möglichkeit zur Distanzierung* von dem oftmals starken Eindruck eines Spiels, das man beobachtend oder mitspielend erlebte. Gespräch kann also die Freiheit verschaffen, sich kritisch mit diesem Erlebnis zu beschäftigen und es analysierend einzuordnen. Vor allem die Stücke, die eine besonders starke emotionale Anmutung bringen und nur wenig an Analyse, sind auf eine *rationale Klärung* im Anschluß an die Aufführung angewiesen. Wenn das Kind im professionellen Vorführtheater wirklich beobachten soll, dann meint diese Tätigkeit kein bloßes Schauen, sondern schließt immer auch ein Analysieren und Ordnen mit ein; ist der einzelne Zuschauer dazu nicht in der Lage, so muß die anschließende Diskussion zu einem festen Bestandteil der Inszenierung gemacht werden.

Walberts Stück „Oder auf etwas schießen, bis es kaputt ist" scheint mir nur mit nachheriger Besprechung pädagogisch verantwortbar. Es zeigt, dicht, genau und rücksichtslos, Machtspielereien Jugendlicher. Hintergrundinformationen und Analysen werden nicht gegeben. Das Stück gibt dem Zuschauer also nichts als eine stark emotionell gefärbte Erfahrung. Es gibt keine Hilfe, mit dieser Erfahrung fertig zu werden. Dann aber ist es nicht verwunderlich, wenn die sich selbst überlassenen Jugendlichen dieses Stück als ein Loblied auf Brutalität und Macht erfahren und zu Parteigängern eines großen Führers werden.

Als frei angebotene Aufführung innerhalb eines reinen Schautheaters für Jugendliche ist also ein solches Stück nicht zu rechtfertigen. Das Gespräch mit den Besuchern (Analyse, Nachspielen, Verändern, Wiederholen, Ergänzen usw.) muß also direkt mit eingeplant werden. Das aber bedeutet, daß für solche Aufführungen nur die Schule, eventuell noch die feste Kinder- oder Jugendgruppe, den geeigneten Rahmen bieten kann.

Das holländische Ensemble von Wim Zomer etwa führt sein Vietnam-Stück „Ameisen" nur in Schulen und niemals ohne ein vorheriges ausführliches Gespräch mit den Schülern auf; häufig kommen die Darsteller am nächsten Tag noch einmal zurück, um mit den Zuschauern über das Stück zu diskutieren.

Natürlich halten schlechte Stücke einer solchen nachträglichen Besinnung nicht stand; sie ist also auch für das Theater eine nützliche Prüfung. Was auf der Bühne etwa als lebhaftes, interessantes Treiben erscheint, enthüllt die Analyse als schlampig in der Motivation, auf vielen glücklichen oder unglücklichen, immer aber beliebigen Zufällen beruhend:

Da schläft der böse Zauberer zufällig ein — und der gute Held kommt unverzaubert davon; da erfährt eben dieser Held hinter der Bühne (also ohne Kontrolle des Zuschauers) die Lösung des Rätsels und kann damit brillieren: er ist selbst nun ein „Zauberer". Aber ein fauler! („Die merkwürdigen Abenteuer des Herrn Pimpipan").

Auch für die Einführung in die Kunst des Theaters reicht also nicht die bloße Aufführung; auch die Theatererziehung im engeren Sinne braucht das Gespräch und damit die Schule, die das Gespräch ermöglicht.

## 5. Didaktisch angeleitete Rollen- und Interaktionsspiele

Von den Erfordernissen des Theaters her erscheint die Schule als der eigentliche Bezugsrahmen; das didaktisch angeleitete Rollen- und Interaktionsspiel kristallisiert sich als ein Kernbereich der Sozialisation und als das wichtigste pädagogische Bindeglied zwischen Theater und Realität heraus.

Ausgangspunkt dieser Spiele ist eine Gruppe (z. B. eine Schulklasse, besser noch eine feste Spielgruppe von etwa 15 Mitgliedern). Sie soll sich im Spiel mit den eigenen Interaktionen und den in der Gruppe vorhandenen oder gewünschten sozialen Rollen auseinandersetzen. Pädagogische Absicht ist dabei, Rollen und konfliktbesetzte Interaktionen auf der Spielebene zu artikulieren, damit die einzelnen Gruppenmitglieder Auswirkungen von Interaktionen bewußter und weniger ängstlich wahrnehmen und befriedigendere Verhaltensweisen erst einmal auf der realitätsfernen, unbelasteteren und folgenloseren Spielebene erproben können. Das Kind wird also in veränderter Rollenperspektive mit mehr oder weniger bekannten Interaktionen konfrontiert und in sie einbezogen; es erlebt neuartige Interpretationen von Verhaltensweisen, erfindet verschiedene Lösungen von Konflikten, lernt kritisch zwischen diesen Variationen zu unterscheiden. Endlich erfährt es auch Umstrukturierungen der Gruppe und einzelner Kinder infolge des Spielprozesses.

Dieser Lernprozeß in der Gruppe, nicht die Präsentation eines zuvor vom Spielleiter (z. B. dem Lehrer) vorgegebenen Theaterstückes, ist das Ziel, an dem die didaktischen Entscheidungen zu messen sind (Auswahl des Spielanlasses, Bestimmung von Spielregeln, Zeit, Raum und Spielmaterialien, zu denen dann auch wieder ein vorgegebener Text gehören kann). Diese didaktischen Entscheidungen sind zugleich wiederum Teil der Gruppeninteraktion, indem sie besprochen und revidiert werden. Der Lehrer ist dabei ein Teil der Gruppe. Die Offenheit der Kommunikation bis zum Schluß durchzuhalten, ist seine wichtige Aufgabe.

Mit Recht warnt allerdings H. Koerfer[4] vor dem Fetisch Gruppe. „Das Bedürfnis nach Selbsterfahrung in der Gruppe, als Folge der Erlebnisse von Angst, Isolation und erschwerter Kommunikation, als Folge defizitärer Sozialisierungsprozesse, als Folge von Ich-Schwäche und geringerer Frustrationstoleranz, hyertrophiert. Phantasien über die Gruppe verstellen den Blick für deren Realität. Der Wunsch besteht, das dialektische Verhältnis von Nähe und Distanz zur Nähe hin aufzulösen. Wenn Menschen das Bedürfnis, einer Gruppe zuzugehören, nicht mehr als Bedingung menschlicher Tätigkeit verstehen, sondern als deren Ziel, so sind die Folgen: Isolation der Gruppe, Verlust an Realität, Verlust an Wirksamkeit, schließlich Selbstzerstörung“.

Sicherlich ist das von der Erwachsenengruppe, eventuell von der Jugendgruppe her formuliert; aber auch der Lehrer muß sich mit seiner Arbeit dem oben genannten Anspruch stellen, wenn er die Distanz zwischen fiktivem Rollenspiel und Realität überwinden will. Er muß seine didaktischen

---

[4] In: *Brandes, E.* und *Nickel, H.-W.* (Hrsg.): Beiträge zu einer Interaktions- und Theaterpädagogik, Berlin: Pädagogisches Zentrum 1971, S. 63

Entscheidungen so treffen, daß die Kinder nicht nur in Worten, Mimik, und Gestik dem gewählten Rollenverständnis möglichst nahe kommen, sondern daß sie auch ihre Interpretationen und Ausdrucksformen auf die in der Realität erlebten Normenvorstellungen und Verhaltensweisen beziehen lernen. Er muß die Kommunikation in seiner Gruppe so leiten, daß die Mitglieder zur Kommunikation mit der Umwelt befähigt werden. Sonst wird das Spiel nicht dazu beitragen, die Differenzen zwischen verbalisierten Erwartungshaltungen und gesellschaftlich anerkannten Verhaltensweisen, zwischen entwickelten eigenen Bedürfnissen und öffentlich sanktionierten Normensystemen zu überwinden. Führt der Spielleiter sein Spiel aber immer wieder bis an diese Wirklichkeit heran, so kann er darauf zählen, daß er, außerhalb bewußter Machtsphären, zu einer immanenten Verhaltensänderung beiträgt. Mehr kann sich Theaterarbeit nicht anmaßen. Dieses wenige aber scheint mir nur durch Theater erreichbar.

## 6. Schlußwort an die Lehrer

Warum muß gerade der Lehrer sich um die Theater- und Interaktionspädagogik kümmern?

Wenn es sein Auftrag ist, die Heranwachsenden in die Lebenswirklichkeit einzuführen, zu dieser Wirklichkeit aber auch das Theater gehört, dann muß er darüber Bescheid wissen. Dabei sollen ihn vor allem die neuen Formen des Kinder- und Jugendtheaters interessieren. Sie erlauben ihm, kommunikativ in diese Kunst einzuführen: er kann mit seinen Schülern Aufführungen besuchen, die eigens für die Heranwachsenden gemacht wurden. Er muß die besten Angebote heraussuchen können, muß also kritisch sichten lernen. Deshalb muß er von dem Theater wissen.

Noch einmal: Auftrag des Lehrers ist es, die Heranwachsenden in die Lebenswirklichkeit einzuführen. Er muß also seine Schüler in den Stand versetzen, aktiv handelnd dieser Wirklichkeit gegenüberzutreten. Zum handelnden Umgang mit Wirklichkeit gehört immer auch der Umgang mit Menschen, die Zusammenarbeit mit ihnen. Sie regelt sich über Rollen und Interaktionen. Deshalb ist das Rollenspiel Kernbereich einer jeden Pädagogik: nur mit Hilfe dieser Methode kann tätiger Umgang im Spielraum vor der Wirklichkeit schon handelnd, also nicht nur theoretisch, vollzogen werden. Dabei umfaßt die theaterpädagogische Arbeit auch den Bereich der grundlegenden Interaktionen, die Ausweitung und Vervollkommnung des Mienen-, Gesten- und Bewegungsrepertoires, die Sensibilisierung des Körpers und die Erweiterung der Kommunikationsfähigkeit. Dieser Bereich müßte in einer eigenen Publikation ausführlicher dargestellt werden.

Gerd Grüneisl

# Spielen mit Gruppen

Einleitung: Lothar Krappmann

Bildband, 152 Seiten, Großformat, kart.
Klettbuch 92298

Spielen als aktive Auseinandersetzung des Kindes mit seiner Umwelt — und das bedeutet zugleich Lernen — ist in unserer beengten, mit Verbotstafeln ausgestatteten Welt nicht mehr ohne weiteres möglich.

Dieses Buch ist eine Anstiftung zum Planen und Organisieren von Spielsituationen. Viele Bereiche der Wirklichkeit können im Spiel erfahren werden. Kinder spielen ihre Familie, ihre Nachbarn, den Hausmeister von nebenan, sie spielen Modenschau, Schule, Fernsehen und Stadt. Und indem sie spielen, setzen sie sich zwanglos mit der Erwachsenenwelt auseinander, lernen sie, sich selbst darzustellen, frei zu sprechen, verlieren sie Hemmungen, verarbeiten sie Ängste, und üben sie soziales Verhalten.

Alle Spielvorschläge in diesem Buch sind mannigfach erprobt. Der Autor bringt eine Fülle von praktischen Anregungen für Erzieher in Schule und Jugendarbeit.

„Dieses Buch enthält den Aufruf, unseren Kindern mehr Spielraum zu gewähren, pädagogisch überlegt betreuten, aber dennoch freien Spielraum, in dem sie lernen können, mit anderen gemeinsam Probleme zu lösen.“ (Aus der Einleitung)